Hans Jellouschek

Wenn Paare älter werden

Das Buch

Gemeinsam als Paar älter und alt werden kann etwas Wunderbares sein. Aber es ergibt sich nicht von selbst. Es muss gestaltet werden. Die Kinder gehen aus dem Haus oder sind bereits gegangen; die alten Eltern müssen versorgt werden, das eigene Wohnen im Alter muss geplant werden. Welches sind die Chancen, welches die besonderen Herausforderungen an die Paarbeziehung in dieser Altersstufe? Wie finden die Partner zur Vertiefung, Weiterentwicklung oder auch Wiederbelebung ihrer Liebe? Es ist offensichtlich, dass viele Paare an dieser Lebenswende in eine Krise geraten, bei der sie Hilfe brauchen. In diesem speziellen Partnerschaftsratgeber möchte der Autor anhand von Beispielen zeigen, wie älter werdende Paare Probleme verhindern und neue Formen des partnerschaftlichen Lebens finden können. Liebe ist möglich – auch und gerade in diesen Jahren.

Der Autor

Dr. theol. Lic. phil. Hans Jellouschek, geb. 1939, ist Eheberater, Psychotherapeut und Lehrtherapeut für Transaktionsanalyse. Psychotherapeutische Praxis in der Nähe von Stuttgart mit dem Schwerpunkt Paartherapie. Seit 25 Jahren tätig in der Fort- und Weiterbildung von Therapeuten und Eheberatern.
Bei Herder: *„Wie Partnerschaft gelingt – Spielregeln der Liebe"*.

Hans Jellouschek

Wenn Paare älter werden

Die Liebe neu entdecken

FREIBURG · BASEL · WIEN

HERDER spektrum Band 6335

MIX
Papier aus verantwor-
tungsvollen Quellen
FSC® C106847

FSC
www.fsc.org

Taschenbuchausgabe von
„Wenn Paare älter werden. Die Liebe neu entdecken"
Verlag Herder GmbH, Freiburg im Breisgau 2008

2. Auflage 2012

Umschlagkonzeption: Agentur RME Roland Eschlbeck
Umschlaggestaltung: Verlag Herder
Umschlagmotiv: © Corbis

Satz: Rudolf Kempf, Emmendingen
Herstellung: fgb · freiburger graphische betriebe
www.fgb.de

Printed in Germany

ISBN 978-3-451-06335-0

Inhalt

Vorwort und Einleitung

Die Paarbeziehungen der „Jungen Alten"

Das Thema der Beziehungen älterer Paare, vor allem der Gruppe der „Jungen Alten", wie die Soziologen die Altersgruppe zwischen ca. sechzig und fünfundsiebzig nennen, beschäftigt mich in den letzten Jahren mehr und mehr, und dies aus zwei Gründen: Einmal bin ich Geburtsjahrgang 1939 und gehöre somit selber seit einigen Jahren zu dieser Altersgruppe. Ich habe zwei Töchter, die bereits erwachsen und schon lange aus dem Haus sind, mit knapp sechzig Jahren verlor ich nach sechsundzwanzig Jahren des Zusammenlebens meine Frau Margarete durch Tod und bin nun mit einer siebzehn Jahre jüngeren Frau verheiratet. Damit betrifft mich vieles sehr persönlich, was Menschen in diesem Alter erleben und erlebt haben. Zum anderen wenden sich in den letzten Jahren immer mehr Paare um die Sechzig und jenseits davon mit dem Anliegen einer Paartherapie an mich. Auch nehmen in erstaunlich großer Zahl Paare dieser Altersgruppe an den therapeutischen Paargruppen[1] teil, die wir in meiner Praxis anbieten, und suchen hier Hilfe für die Bewältigung ihrer speziellen Lebenssituation.

Der zweite Grund: Wegen der höheren Lebenserwartung wird die Zahl der Paare dieses Alters immer größer, und damit steigt sowohl die Zahl derer an, die schon Jahrzehnte zusammen sind und jetzt miteinander in das „Dritte Lebensalter" eintreten, als

---

[1] www.hans-jellouschek.de

9

auch derer, die – nach Tod oder Trennung – sich neu zusammentun und einen neuen Aufbruch wagen. Diese sind zwar als Paar noch „jung", ihrem Lebensalter nach gehören sie aber ebenfalls zu dieser Altersgruppe.

Vieles, was Partner um die sechzig und jenseits davon bewegt, unterscheidet sich natürlich nicht wesentlich von den Problemen jüngerer Paare. Dennoch gibt es spezifische Herausforderungen, die oft nicht genügend gesehen werden, entweder weil man sie noch nicht kennt oder weil man sie nicht so gern sehen will, da sie auch mit Minderung und Verfall zu tun haben. Die heutigen „Jungen Alten" sind in der großen Mehrzahl körperlich und geistig zwar noch fit, jedenfalls fitter als ihre Altersgenossen früherer Generationen. Dennoch sind sie in einem Alter, in dem der Gipfel überschritten ist und die Talsohle des Lebens sichtbar wird. Darauf kann man sich entweder fixieren oder es ignorieren – oder man kann es wahrnehmen und sein Leben danach einrichten. Dazu will mein Buch Anregungen geben und auf die Fragen antworten: Welches sind die spezifischen Herausforderung an die Paarbeziehung in dieser Altersstufe? Und wie können die Partner so damit umgehen, dass sie auch in dieser Phase Weiterentwicklung erleben? Weiterentwicklung heißt für mich in diesem Zusammenhang: Vertiefung oder auch Wiederbelebung der Liebe der Partner. Dies ist gerade in dieser Altersphase von größter Bedeutung. Denn die Partnerliebe schützt gewiss nicht vor dem Tod. Aber sie gibt unserem Leben wie kaum etwas anderes bis zuletzt Trost und Tiefe.

Veränderte Lebenssituation

Zunächst freilich sind Paare, wenn sie in die Phase „60 plus" eintreten, in der Mehrzahl noch lange nicht – jedenfalls nicht unmittelbar – mit dem Tod konfrontiert. Denn im großen Unterschied zu früher haben sie heutzutage im Durchschnitt noch mehr als zwanzig Jahren vor sich. Das heißt, es ist nicht unwahrscheinlich, dass sie als Paar erst zwei Drittel ihres Zusammenlebens hinter sich und noch ein volles Drittel vor sich haben. Wenn sie gemeinsam Kinder haben, kann es zudem durchaus sein, dass noch eine Lebensspanne als Paar vor ihnen liegt, die ebenso lang ist wie die Zeit mit den Kindern. Das heißt: Eine „vollwertige" neue Phase beginnt hier, und zwar eine, die sich von den vorausgehenden Phasen des Lebenszyklus stark unterscheidet (Vgl. dazu Schenk 2005 und von Kleist 2006).

Die wichtigsten dieser Unterschiede sind:
- Das aktive Berufsleben geht zu Ende, entweder für einen der Partner oder für beide. Jedenfalls ändert sich damit das Zusammenleben für beide häufig grundlegend und bringt manches, was sich im Laufe der Jahre „eingespielt" hat, gründlich durcheinander.
- Die Existenz-Sicherung ist oft kein Thema mehr. Die Paare haben ihr Zuhause, fürs Alter ist in der Regel vorgesorgt, und was an wesentlichen Lebenszielen erreicht werden sollte, ist erreicht oder muss endgültig abgeschrieben werden. Damit fällt vieles weg, was das Leben der Partner früher ausfüllte und was sie auch zusammengehalten hat.
- Die Kinder sind erwachsen und meist aus dem Haus, führen ihr eigenes Leben. Sie „brauchen" die Eltern nicht mehr, jedenfalls nicht in dem existenziellen Sinn wie in den früheren Jahren der Kindheit und Jugend. Das bedeutet Loslassen und Abschied, bringt aber zweifellos auch neue Freiheiten und Möglichkeiten mit sich, die aber oft erst gesehen werden müssen, um genutzt werden zu können.
- Ein Generationenwechsel hat sich in dem Sinn vollzogen, dass die eigenen Eltern meist schon aus dem Leben geschieden sind und damit nicht mehr der Sorge und Pflege bedürfen; die Generation der eigenen Kinder steht nun voll im Leben und hat in vielen Bereichen die Verantwortung übernommen; und oft wachsen Enkelkinder heran, die den Großeltern viel Freude bereiten, sie aber auch damit konfrontieren, dass sie nun selbst zur „ältesten Generation" gehören.

– Die Zahl der Ehescheidungen nimmt gegenüber den vorausgehenden Phasen stark ab. Wenn Paare dieses Alter erreicht haben, können sie also – statistisch gesehen – eher als jüngere Paare damit rechnen, dass ihre Ehen stabil bleiben werden. Andererseits aber sagen die Statistiken auch Beunruhigendes aus: Denn verglichen mit Paaren desselben Alters in früheren Generationen steigt gegenwärtig auch in dieser Altersphase die Zahl der Trennungen und Scheidungen deutlich an. Mehr und mehr Paare bewältigen also auch nach langjährigen Ehen die Herausforderungen dieser Lebensphase nicht. Nimmt man hinzu, dass dies auch bei vielen Paaren der Fall ist, die zwar zusammenbleiben, aber lieber den Weg ständiger Konflikte oder auch stiller Resignation wählen als den der offenen Trennung, wird umso deutlicher, dass die Bewältigung der jetzt eingetretenen oder auch anstehenden Veränderungen alles andere als leicht ist, also auch der Unterstützung von außen bedarf.

Eine solche Unterstützung soll dieses Buch sein. Dafür, dass es entstehen konnte, bin ich vor allem zwei Menschen zu großem Dank verpflichtet: Verlagslektor Peter Raab wurde nicht müde, mich immer wieder zu ermutigen, meine Erfahrungen in dieser Form zusammenzufassen und weiterzugeben. Meine Frau Bettina Jellouschek-Otto nahm die Mühe auf sich, jedes Kapitel sorgfältig durchzulesen. Sie hat mich auf vieles hingewiesen und mir zahlreiche Anregungen gegeben, die mir sehr hilfreich waren, und die ich sehr gern berücksichtigt habe.

Ammerbuch bei Tübingen
Januar 2008
Hans Jellouschek

1. Ein neues Gleichgewicht

Ausscheiden aus dem Beruf

In diesem und im folgenden Kapitel wenden wir uns den Auswirkungen zu, die das Ausscheiden aus dem Beruf/aus den Berufen, das um diese Zeit ansteht, auf die Paarbeziehung haben kann. Dieses Ausscheiden wird von vielen als ein drastischer Einschnitt erlebt, der natürlich auch Folgen für die Gestaltung der Paarbeziehung nach sich zieht. Allerdings scheint es hier große Unterschiede zwischen Frauen und Männern zu geben (Schenk 2005, S. 62–79; Kleist 2006, S. 160–181). Männer verkraften im Durchschnitt diese Veränderung bedeutend schwerer. Das heißt: Sie fühlen sich durch den Wegfall des Berufs im Vergleich zu den Frauen häufiger in ihrem Selbstwert geschwächt, erleben Nutzlosigkeit, Bedeutungsverlust und haben mit Depressionen und Sinnlosigkeitsgefühlen zu kämpfen.

Warum ist das so? Mehrere Gründe scheinen dafür verantwortlich zu sein: Auch wenn Frauen dieser Altersgruppe nicht nur bei den Kindern, sondern auch berufstätig waren, so hatte der Beruf doch nicht den dominierenden Stellenwert wie bei ihren Männern. Sie waren in der großen Mehrzahl neben dem Beruf, der oft ein Teilzeitberuf war, auch – meist sogar vorwiegend oder ausschließlich – für die Kinder und die Familienorganisation zuständig. Damit waren sie einerseits oft sehr belastet, andererseits bedeutete dies aber auch, dass sie neben dem Beruf auch noch andere Schwerpunkte im Leben hatten. Bei ihnen fällt deshalb bei Eintritt in den

Ruhestand kein so existenziell wesentlicher Teil weg, wie dies bei den Männern der Fall ist.

Das hat viel damit zu tun, dass es der Eigenart der Frauen entspricht, in ihrem Berufsleben wie auch außerhalb des Berufs in der Regel persönlichere Beziehungen aufzubauen und zu pflegen als die Männer. Diese „hatten" oft in der Berufsphase „zu wenig Zeit" für solche Beziehungspflege, und im Beruf wurden Beziehungen häufig eher unpersönlich-sachlich gestaltet und erreichten nicht die menschliche Qualität, die ein Fortführen des Kontakts über das Berufsende hinaus lohnend erscheinen ließ. Damit stehen sie dann plötzlich ziemlich allein da, während ihre Frauen weiterhin über vielfältige Beziehungen verfügen und auch ehemals berufliche Beziehungen selbstverständlich in den Ruhestand hinein weiterführen.

Schließlich haben gerade in den letzten Jahren Männer der Altersgruppe, um die es hier geht, das Ausscheiden aus dem Beruf nicht als einen „runden Abschluss" erlebt, sondern als einen abrupten Abbruch, bei dem sie viele Verletzungen und Kränkungen davontrugen. Viele von ihnen, vor allem die „Vorruheständler", wurden Opfer von Rationalisierungsmaßnahmen, und weil diese zudem häufig von den zuständigen Vorgesetzten und Personal-Mitarbeitern mit wenig Sensibilität durchgeführt wurden, fühlten sie sich unwürdig und ohne Respekt für ihre Lebensleistung abserviert.

Dies alles zusammengenommen macht es verständlich, dass vor allem für viele Männer der Verlust der beruflichen Stellung schwer zu verkraften ist, ob sie sich das nun eingestehen oder versuchen, mit flapsig-flotten Sprüchen darüber hinwegzureden. Er ist im wahrsten Sinne des Wortes ein „kritisches Lebensereignis" – natürlich hat die Art und Weise, wie sie damit umgehen, Auswirkungen auf ihre Frauen und auf das Zusammenleben mit ihnen. Welche sind das im Einzelnen und welche Krisen ergeben sich daraus häufig für die Paarbeziehung? In diesem Kapitel gehe ich zunächst auf die Tatsache ein, dass die bisherigen Beziehungsmuster dadurch meist gründlich durcheinandergeraten.

Beziehungsmuster

Was ist darunter zu verstehen? In jeder Beziehung bilden sich im Laufe der Jahre bestimmte ähnliche oder gleichbleibende „Muster" heraus: Sie redet mehr, er schweigt eher. Sie ist mehr fürs Praktische, er mehr fürs Theoretische zuständig. Er verwickelt sich mit anderen, Kindern, Verwandten, Freunden, leicht in konfliktträchtige Diskussionen, sie ist hingegen immer die Ausgleichende und so fort. Solche Abläufe zeigen sich zwar in einzelnen konkreten Verhaltensweisen, aber weil sie sich ständig in ähnlicher Weise wiederholen, können sie deshalb als mehr oder weniger starre Beziehungs- oder auch Rollen-Muster bezeichnet werden: Der Mann ist für die Familie und Partnerschaft zum Beispiel immer der nach außen gewandte Kämpfer für den Existenzerhalt, die Frau dagegen im Binnenraum der Familie die Gefühls- und Fürsorgeexpertin für ihn und die Kinder. Solche Rollenaufteilungen sind oft weit weg vom Ideal, das sich einer oder beide Partner einmal vorgestellt haben, aber es hat sich so eingespielt, man hat sich damit arrangiert und hat sogar darin eine gewisse Sicherheit und Alltagsroutine gefunden. Das Ausscheiden aus dem Beruf bringt dieses gewohnte Rollenspiel gründlich, manchmal dramatisch durcheinander, weil „die Bühne", auf der es gespielt wurde, eine andere geworden ist, und die alten Rollen sich hier nicht mehr so spielen lassen wie früher.

Dies wird dann verständlicherweise als Krise der Beziehung erlebt, selbst wenn das gewohnte Rollenspiel vorher durchaus nicht als rundum befriedigend empfunden wurde. Es war halt das, woran man sich gewöhnt hatte, was man konnte und wofür man auch eine gewisse Routine entwickelt hatte, und das „geht" mit einem Mal nicht mehr. Hier ist allerdings auch der Ansatzpunkt, um eine solche Krise in eine Chance zu verwandeln. Denn wenn das alte Rollenspiel und damit das alte Rollenmuster durcheinander gerät und nicht mehr weitergeführt werden kann, besteht ja auch die Möglichkeit, diese Situation zu nutzen, ein neues, für die neue Situation besser passendes und – vor allem – für die Beteiligten befriedigenderes zu entwickeln. Dies soll an den vier folgenden, wahrscheinlich für viele Paare typischen Beispielen deutlich gemacht werden.

Dabei achte ich bei diesen Beispiel vor allem darauf, welche Beziehungsmuster die Paare hinsichtlich dreier Polaritäten (Jellouschek 2005, 44-46) entwickelt haben, die in Beziehungen eine grundlegende Bedeutung haben, nämlich die Polaritäten Autonomie und Bindung (erstes und viertes Beispiel), Geben und Nehmen (zweites Beispiel), Bestimmen und Sich anschließen (drittes Beispiel). Es geht dabei um die Fragen, wie sich die Partner diese Polaritäten untereinander aufgeteilt haben, wie sich der Eintritt in den Ruhestand jeweils auf diese Verteilung auswirkt und welche Chancen sich daraus für eine Neustrukturierung der Beziehung ergeben.

Die Hauptakteure in diesen Beispielen sind meist die Männer. Das mag einseitig erscheinen, und es gibt natürlich auch Fälle, in denen es anders verläuft. Aber weil die Männer in dieser Gruppe den Frauen gegenüber in der Mehrzahl die älteren sind und folglich früher in Rente gehen, und weil von ihnen – wie erwähnt – das Berufsende meist als drastischerer Einschnitt erlebt wird, scheint es mir auch von der Sache her gerechtfertigt, diesen Blickwinkel zu wählen.

Der anhänglich gewordene Mann

Friedrich und Gerlinde
Friedrich hat vor allem für seinen Beruf gelebt. Er hatte eine verantwortungsvolle Stelle und eine hohe Arbeitsbelastung. Die ganze Last mit den zwei Kindern, dem Haus und dem Garten blieb Gerlinde überlassen. Sie hat immer wieder mal dagegen revoltiert, es hat nichts genützt. Er war einfach zu beschäftigt, und was sonst noch zu tun war, musste ja getan werden! So hat sie sich schließlich damit zufrieden gegeben, dass der Hauptschwerpunkt ihrer Tätigkeit im Privaten lag. Allerdings behielt sie eine kleine,

interessante Teilzeitbeschäftigung bei. Da sie darin von ihren Vorgesetzten sehr geschätzt wurde, konnte sie diese im Laufe der Jahre aufstocken – in dem Maße, in dem die Kinder auch ohne ihre ständige Präsenz zurechtkamen. Friedrich wird nun das Opfer einer der zahlreichen Umorganisationen in seiner Firma und muss mit Anfang Sechzig ausscheiden. Gerlinde kommt das eigentlich entgegen, denn just zu diesem Zeitpunkt bekommt sie von ihrem Chef das Angebot, nun ganz einzusteigen. Friedrich begrüßt das zunächst, aber Gerlinde bemerkt, dass ihm daraus ein ganz schönes Problem erwächst. Denn sie stellt etwas fest, was sie in den vielen Jahren vorher an ihm nicht bemerkt hat: Er zeigt sich plötzlich so anhänglich! Er harrt ihrer Rückkehr aus der Firma, er wird sehr unruhig, wenn sie sich mal etwas verspätet, und er wird richtig sauer, wenn sie dann noch ein Telefonat mit einer Freundin führt. Sie fühlt sich von ihm vollständig in Beschlag genommen. Er beginnt zu klammern, während in früheren Jahren immer sie hinter ihm her sein musste, damit in der Beziehung „etwas lief". Allmählich bekommt Gerlinde den Eindruck, dass sie ihm jedes Mal etwas antut, wenn sie in ihre Firma geht. Das Beziehungsmuster hat sich gegenüber früheren Jahren regelrecht umgedreht.

Diese Veränderung im bisherigen Rollenmuster durch den Eintritt in den Ruhestand, ist für viele Paare typisch: Es geht dabei um die Verteilung von Autonomie und Bindung im Leben der Partner. Bisher lebte er schwerpunktmäßig seine Autonomie, sie sorgte für die Bindung. Jetzt, im Ruhestand, entdeckt er plötzlich sein Bindungsbedürfnis, möchte viel mehr mit ihr, als sie mit ihm zusammen sein, möchte mit ihr reisen, Kultur genießen, essen gehen und so fort, während sie auf diesen Zeitpunkt gewartet hat, um endlich „die Flügel auszubreiten" und mehr Autonomie zu verwirklichen, indem sie nun lang gehegte berufliche Wünsche realisiert. Damit ist – wie bei Friedrich und Gerlinde – plötzlich die Krise da: Er ist frustriert und kämpft mit Depressionen, sie verstrickt sich in eine Mischung aus Ärger über ihn und schlechtem

Gewissen darüber, dass sie ihn damit allein lässt. Häufige Konflikte entzünden sich daran oder auch an anderen Dingen, die scheinbar damit nichts zu tun haben, jedoch aus dieser Richtung genährt werden. So kann die Hoffnung auf mehr Nähe zueinander, die beide im Blick auf diese Lebensphase gehegt haben, gründlich zunichte werden.

Wo steckt in dieser Krise eine Chance für die Beziehung? Wir haben es schon erwähnt: Das Beziehungsmuster, das viele Paare dieser Altersgruppe während der Familienphase ausgebildet haben, ist oft für einen der Partner oder auch für beide kein wirklich befriedigendes gewesen. Es ist eigentlich die Erstarrung in einer „Schieflage": Er hat zwar im Beruf seine Autonomie leben können, aber hinsichtlich seiner Bindung an Frau und Kinder ist er zu kurz gekommen, oder hat sich selbst zu kurz kommen lassen. Und bei ihr gerade das Umgekehrte: Sie hat für ihre Autonomie zu wenig getan und tun können und hat ein Übermaß an Bindung gelebt und alle Energien in die Beziehungen investiert. Das heißt, sie haben nahezu vollständig das Paar- und Familienmodell des früheren Patriarchats reproduziert. Das Idealbild einer Paarbeziehung ist aber auch schon in der Generation der heute Sechzigjährigen nicht mehr das der patriarchalen Ehe, sondern das der Gleichwertigkeit von Frau und Mann, und das besagt: Autonomie nicht nur für den Mann, sondern auch für die Frau, und Bindung nicht nur für die Frau, sondern auch für den Mann. In der konkreten Umsetzung bedeutet das dann, dass die Frau sich ihrerseits beruflich verwirklichen möchte und der Mann sich entsprechend auch für Beziehung und Familie zuständig fühlen sollte. Die Möglichkeit dazu war aber in der Generation der heute Sechzigjährigen meist noch viel weniger gegeben als dies gegenwärtig der Fall ist. Was tatsächlich gelebt wurde, und oft aufgrund der gesellschaftlichen und betrieblichen Realitäten und Erwartungen nicht anders gelebt werden konnte, war das patriarchale Rollenmuster der vorausgehenden Generation. Damit aber konnten sich in der Regel vor allem die Frauen der „jungen Altersphase" nicht mehr identifizieren, obwohl sie es jahrelang genau so gelebt haben. Sie haben sich darum, ähnlich wie Gerlinde, oft einen kleinen Bereich erkämpft, in dem sie sich entsprechend ihrer beruflichen Qualifizierung wenigstens ein wenig betätigen konnten, und sie haben nur auf den Zeitpunkt gewartet, da sie das Ungleichgewicht, wie sie es häufig empfinden, verändern können. Nun, da der Mann in Ruhestand geht oder gehen muss wie Friedrich, scheint dieser Zeitpunkt gekommen zu sein. Aber Friedrich hat sich darauf nicht wirklich eingestellt – und das führt die beiden nun wie in vielen ähnlich gelagerten Fällen in die Krise.

Neugestaltung des Paar-Musters

Wie kann diese Krise nun als Chance genutzt werden? Es geht ja nicht um eine bloße Umkehrung des Musters, wie sie sich bei Gerlinde und Friedrich vollzieht, denn die ist – wie sich zeigt – genau so, wenn nicht noch unbefriedigender als das bisherige. Vielmehr geht es um eine grundlegende Neuorientierung. Wie kann eine solche aussehen? Mir kommt in diesem Zusammenhang ein Paar in den Sinn, dem dies gut gelang: Der Mann, nennen wir ihn Paul, hatte in einem großen Konzern eine Stabsstelle als Jurist inne. Kurz vor seinem Ausscheiden aus dem Beruf hatte die Frau – eine Erbschaft machte es möglich – eine Mode-Boutique eröffnet und hatte gerade angefangen, sich hier ganz und gar einzubringen. Als wir darüber sprachen, sagte Paul: „Und ich mache ab jetzt zuhause den Haushalt und werde die Buchhaltung für die Boutique übernehmen." – Daran finde ich zwei Dinge bemerkenswert:
Erstens: Den verständlichen Wunsch des Mannes nach Zweisamkeit verabsolutiert er nicht wie Friedrich in unserem vorherigen Beispiel. Er ist sich bewusst: Wenn die Frau jetzt beruflich engagiert ist, braucht er – für seine eigene Autonomie – auch nach seinem Eintritt in den Ruhestand wieder eine sinnvolle Aufgabe. Sein Wunsch nach Bindung braucht als Gegengewicht einen weiterhin autonomen Lebensbereich mit eigenem Engagement. Gibt es ein solches mit dem Austritt aus dem Beruf nicht mehr, fallen viele Männer in ein tiefes Loch, das dann die Frau mit ihrer Zuwendung füllen soll. Eigene sinnvolle Aufgaben zu haben, schafft ein gesun-

des Gegengewicht zu diesem Bedürfnis. Natürlich muss dies nicht – wie in unserem Beispiel – ein Engagement für die Arbeit der Frau sein. Aber Paul empfand dies in seinem Fall als besonders angemessen.

Denn in seinem Engagement sah er – und das ist das zweite – eine willkommene Gelegenheit, seiner Frau etwas von dem zurückzugeben, was sie viele Jahre lang für ihn getan hatte. Viele Frauen in ähnlichen Konstellationen haben ja auf viel verzichtet und eigene Wünsche zurückgestellt. Wenn die Männer die Gelegenheit, da sie selber nicht mehr beruflich eingespannt sind, nutzen, nun ihrerseits ihre Frauen zu unterstützen, ihnen den Haushalt abnehmen und/oder andere konkrete Hilfen für deren berufliche Aktivitäten leisten, können sie durch dieses „Zurückgeben" ihr ganz konkretes Engagement für die Beziehung zeigen – oft erstmals seit der Phase der Verliebtheit, nach der diese den „Verpflichtungen" gegenüber immer zu kurz gekommen ist. Häufig wird dies von den Frauen als Dank für ihr bisheriges Engagement erlebt und damit auch als eine Art Ausgleich, der sie sehr berührt und der ihrer Liebe zum Partner wieder neue Nahrung gibt.

An den Beispielen von Friedrich und Gerlinde einerseits und von Paul und seiner Frau andererseits wird also beides sichtbar: Die Krise durch das Durcheinander-Geraten des alten Musters, aber auch die Möglichkeit, daraus neue Impulse zu gewinnen, bisherige Schieflagen auszugleichen, unter denen die Liebe über die Jahre hin gelitten hat. Ähnliches zeigt sich in anderer Weise auch bei den folgenden Paar-Konstellationen.

Mehr desselben

Eine zweite Variante des Konflikts nach dem Ausstieg aus dem Berufsleben entsteht dadurch, dass das Paar das bisherige Muster – in diesem Fall das Muster von „Geben" und „Nehmen" in der Beziehung – einfach fortsetzt, weil der Mann jetzt ohne seine beruflichen Aufgaben weiterhin voll beschäftigt ist – lediglich auf anderen Schauplätzen. Auch dafür ein konkretes Beispiel:

Holger und Inge

Holger war schon immer auch neben seinem Beruf vielfältig engagiert, in der Gemeindepolitik, im Sportverein und in der Kirchengemeinde. Für die Beziehung hatte er deshalb nie viel Zeit. Die Gebende war hier Inge, seine Frau, und sie hat sich damit zufrieden gegeben, weil er immer wieder versprach, dass alles anders würde, wenn er erst mal in Rente wäre. Nun ist der Zeitpunkt da – und sie erwartet von Holger die Einlösung seiner Versprechungen: Dass nun auch er in die Beziehung investiert, mehr Zeit für sie hat, mehr mit ihr spricht, sie einfach stärker beachtet. Aber das Gegenteil tritt ein: Kaum ist Holger aus dem Beruf ausgestiegen, wachsen die Aufgaben im Sportverein, im Gemeinderat und in der Partei anscheinend ins Unendliche.

Holger macht seinen Bekannten und Verwandten gegenüber diesbezüglich gerne seine Späßchen, redet vom „Unruhestand" und dass er jetzt ja überhaupt keine Zeit mehr habe. Aber Inge findet das gar nicht lustig. Sie fühlt sich betrogen. Und je länger es geht, desto schlimmer wird es. Holger kann sich nicht abgrenzen und verausgabt sich in immer neuen Verpflichtungen. Er fühlt sich gebraucht und wichtig durch seine Ehrenämter. Und er fühlt sich dabei durchaus auf der Höhe der Zeit, denn er hört und liest, wie notwendig Leute heutzutage sind, die sich in dieser Weise ehrenamtlich für die Gesellschaft engagieren. Da hat er natürlich recht. Wozu er allerdings keinen Zugang hat, ist die eigentliche Motivation für seine Engagements: Anerkennung von anderen dafür zu bekommen. An sich ist an dieser Motivation nichts Ehrenrühriges. Denn es ist vielleicht unser zentralstes Bedürfnis, für andere Menschen Bedeutung zu haben. Dieses Bedürfnis wird ihm nun endlich in reichem Maße erfüllt. Die Menschen, für die er sich jetzt engagiert, signalisieren ihm viel stärker als früher seine Chefs und Kollegen, wie wichtig er durch sein Engagement für sie geworden ist. Dadurch kann er den Verlust seiner beruf-

lichen Stellung gut verkraften. Für sein Empfinden hat er an Bedeutung sogar eher dazu gewonnen.

Allerdings beachtet er dabei nicht, wie sehr er die wichtigste Beziehung, die zu seiner Frau, durch all das zu vernachlässigen beginnt, und wie er die Zusagen, die er früher gemacht hat, uneingelöst lässt. Zudem fragt er sich nicht: Ist mir die Anerkennung, die ich durch meine Ehrenämter jetzt bekomme, nicht doch auch eine Spur zu wichtig? Bin ich denn nur etwas wert, wenn ich beruflich oder ehrenamtlich etwas „leiste"? Und kommen nicht andere Seiten des Lebens, die ich jetzt pflegen könnte, vielleicht zu kurz? Solche Fragen stellt er sich nicht. Sie könnten zum Schlüssel für eine Kurskorrektur werden, denn es ist für den Außenstehenden offensichtlich, dass er mit seinem – an sich wertvollen und anerkennenswerten – Engagement etwas kompensiert, was er früher zu wenig bekommen hat – in seinem Beruf und wahrscheinlich vor allem in seiner früheren Lebensgeschichte. Wenn er damit in Kontakt käme, könnte er sein jetziges Überengagement wahrscheinlich ein Stück weit relativieren und somit Raum gewinnen, jetzt auch in der Beziehung mehr zu geben. Aber leider vermeidet er dies. Was müsste also hier geschehen?

Neugestaltung des Paar-Musters

Dass Inge nicht auch weiterhin nur die Gebende sein will, ist nachvollziehbar. Allerdings war sie an dem, wie sich das einseitige Muster zwischen den beiden bisher entwickelte, durchaus mitbeteiligt, indem sie ihrerseits die Rolle der Gebenden immer wieder übernommen und es vermieden hat, diesbezüglich ernsthafte Konflikte mit Holger auszutragen. Indem sie sich immer wieder vertrösten ließ, hat sie Holger die Dringlichkeit ihres Wunsches vorenthalten. Er lief seinen Verpflichtungen nach, und sie hat ihn laufen lassen. Sie blieb wie eine sorgende Mutter im Hintergrund, immer bereit, ihn wieder fürsorglich zu empfangen, wenn er von seinen „Großtaten" nach Hause kam. Sie hat das ohne ernsthaften Widerspruch immer aufs Neue hingenommen. Darum hilft es auch wenig, Holger wegen seiner nicht eingehaltenen Zusagen jetzt bloß anzujammern, wie das Inge tut. Das geht zu einem Ohr hinein und zum andern wieder hinaus, denn Holger hat ja stets die Erfahrung gemacht, dass es „nicht wirklich ernst" ist. So ist dann das Gebraucht-Werden durch die anderen und deren Anerkennung für ihn immer die stärkere Kraft und macht das Geben in diese Richtung regelmäßig attraktiver als das Engagement für die Beziehung selbst.

In solchen Fällen wird es unumgänglich, nun endlich den Konflikt zu riskieren. Inge muss das Thema so ansprechen, dass Holger sich nicht mehr herausreden kann. Jammern allein, wie es hier viele Frauen tun, nützt nichts. Das Thema muss so verhandelt werden, dass es Konsequenzen im Handeln hat, wenn sich durch das Reden nichts ändert. Das könnte im Fall von Inge beispielsweise heißen, dass sie jetzt ein eigenes Leben zu leben beginnt und sich der Beanspruchung durch Holger damit konsequent entzieht. Denn Holgers „Unruhestand" ist ja nur dadurch möglich, dass sie die Rolle der Gebenden ohne eigene Ansprüche weiter spielt. Wenn sie dafür „keine Zeit mehr hat", wird Holger ernsthaft irritiert sein. Dann ist die Zeit gekommen, ein neues Verhältnis von Geben und Nehmen in der Beziehung auszuhandeln: Wie viel Zeit und Energie von Holger braucht sie, damit für sie Geben und Nehmen zu einem Ausgleich kommen, und wie viel Zeit braucht Holger für seine Engagements, damit er ein eigenes Betätigungsfeld behält und so seinen Bedarf an „Bedeutung für andere" decken kann.

So unnachgiebig auf diese Neuordnung hinzuarbeiten, das verlangt natürlich viel Mut und Initiative von Inge, ist aber wahrscheinlich ein sehr wirksames Mittel. Inge wird durch ein solches Verhalten übrigens für Holger zwar unbequem, aber im Endeffekt wahrscheinlich attraktiver. Wenn Frauen beim Jammern bleiben, erreichen sie eher das Gegenteil des Beabsichtigten, nämlich dass ihre Partner nur noch weniger Interesse an der Paarbeziehung haben. Besser ist es, beherzt und selbstbewusst zu handeln und die ernsthafte Konfrontation zu suchen. So etwas veranlasst Männer wie Holger viel eher zu einer Wende. Denn im Grunde fühlen sie sich gerade in der Phase des fortschreitenden Alters häufig noch stärker auf ihre Frauen angewiesen als umgekehrt, und dies ließe sich in Fällen wie bei Holger und Inge auch für einen konstruktiven Neuanfang nutzen.

Schauen wir noch einmal kurz zurück: Das Beziehungsmuster des Paares bleibt bei dem zuletzt behandelten Beispiel vor und nach dem Eintritt in den Ruhestand zwar in Grundzügen das gleiche, es wird lediglich ein „mehr desselben". Aber gerade dadurch wird es für Inge unerträglich – und gerät in diesem Sinn „durcheinander". Doch gerade diese Unerträglichkeit kann wieder als Chance gesehen und genutzt werden. Denn sie kann den Partner zum Ausstieg provozieren und damit eine Neuordnung der ganzen Beziehung einleiten.

Neuer Machtkampf

Wenn Männer wie Paul im ersten Beispiel und Holger im zweiten, jetzt wo sie zuhause sind, beginnen, ihre Frauen mehr zu unterstützen und mehr in die gebende Rolle zu gehen als bisher, entstehen allerdings auch neue Gefahren, die vielen Paaren dieser Altersstufe schon zur Falle geworden sind, nämlich vor allem die Gefahr, sich in ständige Machtkämpfe zu verwickeln. Es geht um die Frage: Wird der Mann seine Frau wirklich unterstützen oder beginnt er, sie unter dem Vorwand der Unterstützung mit seinen Vorschlägen und Maßnahmen zu dirigieren und zu überfahren, so ähnlich, wie es Loriot in seinem Film „Papa ante portas" in grotesker Überspitzung zeigt? Während es in dem ersten Beispiel um eine neue Ausbalancierung des Musters von Autonomie und Bindung in der Beziehung ging, im zweiten Beispiel um die Neuordnung des Musters von Geben und Nehmen, geht es nun um ein drittes, aber ähnlich zentrales Thema in Paarbeziehungen, nämlich um die Frage: Wer bestimmt und wer schließt sich an? Es geht also um das Muster der Machtverteilung zwischen Mann und Frau und den Einfluss, den das Ausscheiden aus dem Beruf darauf hat.

Günter und Hildegard

Auch dafür ein konkretes Beispiel: Hildegard und Günter haben schon in der Zeit, bevor sie die Kinder bekamen, häufig miteinander darum gerungen, nach wessen Kopf es gehen sollte. In der Familienphase beruhigten sich diese Machtkämpfe. Die beiden erreichten eine gewisse Balance, indem sie die „Machtbereiche" trennten. Er lebte sein Dominanzbedürfnis im Beruf und nach außen, sie in der Familie nach innen. „Draußen" ließ sie ihn machen, in der Familie fügte er sich meistens ihren Vorstellungen. Den Streit, der trotzdem immer wieder mal aufflammte, reduzierten sie dadurch auf ein für beide erträgliches Maß und erreichten so immer wieder eine Art konfliktfreier Koexistenz. Durch den Ruhestand ist Günter aber plötzlich vierundzwanzig Stunden zu Hause. Er hat seinen Machtbereich verloren und damit keinen geringen Bedeutungsverlust erlitten. Sie hat dagegen den ihren behalten, ja diesen noch gefestigt, denn die inzwischen erwachsenen Kinder stellen sich im Konfliktfall regelmäßig auf ihre Seite. Günter meint, dadurch immer mehr in die Defensive zu geraten, und beginnt, Testfälle zu schaffen, an denen er sich und den anderen beweisen kann, dass er doch noch „was zu sagen hat". Das heißt zum Beispiel, dass er in Haus und Garten alles anders macht, als seine Frau bisher, dass er ihre Art kritisiert, mit den Kindern und Enkeln umzugehen, die er mit ihr zusammen gegen sich im Bündnis wähnt, und dass er immer wieder betont, dass sich dieses oder jenes doch ganz und gar anders verhalte, als sie behauptet. Weil Hildegard dagegen hält, ist die Folge, dass der mühsam gezähmte Machtkampf jetzt wieder aufflammt, heißer als es bisher je der Fall war. Daran zeigt sich, dass die frühere Aufteilung der Machtbereiche den Konflikt zwar eingedämmt, aber nicht wirklich gelöst hat. Die beiden sind auf das zurückgeworfen, was sie überwunden glaubten, aber nie wirklich überwunden hatten.

Das ist bitter und kann das Leben im Ruhestand, auf das sich beide so gefreut haben, zur Hölle machen. Dennoch kann auch dieser

Konflikt als Chance genutzt werden. Die Bombe musste sozusagen hochgehen, denn sie war nie wirklich entschärft worden, sondern lag nur unter der Erde wie ein Blindgänger aus dem Zweiten Weltkrieg, den das kritische Lebensereignis von Günters Eintritt in den Ruhestand jetzt zur Explosion bringt. Bei Paaren wie Hildegard und Günter, bei sogenannten „Streitpaaren", wie sie im Fachjargon genannt werden, habe ich immer wieder eines festgestellt: Unter dem oft beinharten Kampf liegt eine tiefe Sehnsucht, nämlich die Sehnsucht beider Partner, vom jeweils anderen endlich ernst genommen, endlich verstanden zu werden. Weil jeder aber aus früheren Erfahrungen bereits Unverständnis vom andern und Abwertung durch ihn erwartet, bewaffnet er sich von vornherein mit Anklagen und Vorwürfen, worauf der andere reflexartig mit Verteidigungshaltung und Gegenangriff reagiert, und so geraten sie immer mehr und immer öfter in eine Spirale von Vorwurf und Gegenvorwurf, Abwertung und Verächtlichmachung hinein, die zu schlimmen Verletzungen führen bis hin zu Handgreiflichkeiten – auch in diesem „reifen" Alter! Andere Paare suchen solche Eskalationen zu vermeiden, aber sie finden dazu nur den einen Weg, sich immer mehr voneinander zurückzuziehen und immer nachhaltiger zu verstummen. So werden sie mehr und mehr einander Fremde, obwohl sie gerade jetzt – an der Schwelle zum Alter – die vertraute Gefährtenschaft dringender bräuchten als in all den Jahren vorher. Dass diese stumm gewordenen Paare im Grunde auch Streitpaare sind, zeigt sich spätestens dann, wenn sie – zum Beispiel in einer Beratung – wieder miteinander zu sprechen anfangen – dann flammt der mühsam verdeckte Kampf so heftig wie ehedem wieder auf.

Einander verstehen statt kämpfen

Es ist also notwendig, dem ursprünglichen Anliegen, vom andern ernstgenommen und verstanden zu werden, wieder Raum zu verschaffen. Für Paare wie Hildegard und Günter kann dazu als erster Schritt hilfreich sein, dass sie lernen, die Streiteskalation rechtzeitig zu unterbrechen. Sie treffen beispielsweise die Vereinbarung:

Sobald einer merkt, dass sich der alte und zu nichts führende Streit anzubahnen beginnt, hat er das Recht, ein Stopsignal zu geben, nämlich z.B. die Hand zu heben und „Halt!" zu sagen, worauf sich der andere verpflichtet, den beginnenden Streit sofort abzubrechen. Der Signalgeber ist allerdings seinerseits verpflichtet, wenn sich die Emotionen beruhigt haben, das Thema neu anzusprechen, in der Hoffnung, dass es in beruhigter Atmosphäre besser verhandelbar ist.

Dies kann aber nur ein allererster Schritt sein, damit die Situation nicht mehr so oft außer Kontrolle gerät. Der zweite, der den ersten begleiten muss, besteht darin, dass beide sehen lernen, wie sehr sich die Lebenssituation des einen wie des anderen verändert hat und dass sie dafür Verständnis aufbringen. Dazu kann natürlich ein dritter, ein Berater, sehr hilfreich sein, weil er durch seine Interventionen den Partnern zu neuen Sichtweisen zu verhelfen vermag. So ging es bei unserem Paar darum, dass Hildegard nachvollziehen lernte, was es für Günter bedeutet hatte, dass der Bereich, in dem er bisher das Sagen hatte, mit einem Mal weg war, und dass er dies noch immer als einen massiven Bedeutungsverlust erlebt. Und Günter konnte sehen und nachempfinden lernen, dass und wie sehr der Machtbereich, in dem Hildegard bisher fast unumschränkt herrschte, nun durch seine Anwesenheit plötzlich bedroht war und durch sein Verhalten auch tatsächlich immer wieder beschnitten wurde. Dadurch dass es gelang, diesem wechselseitigen Verständnis Raum zu schaffen, wurde der zentrale Wunsch eines jeden, vom andern verstanden zu werden, wenigstens ein klein wenig erfüllt – und das schwächte das Bedürfnis, weiter zu kämpfen, bereits beiderseits etwas ab.

Häufig braucht der Befriedungsprozess aber noch weitere Schritte. Denn die Wurzeln des Machtkampfs reichen oft bis in die Kindheit zurück, und es ist auch in diesem Alter keineswegs zu spät, um sich damit zu befassen. Bei Hildegard und Günter zum Beispiel stellte sich heraus, dass beide als Kinder von den Eltern in ihren Bedürfnissen kaum gesehen und wenig berücksichtigt wurden. Das ist übrigens häufig so bei Streitpaaren: So sehr sie im Gegensatz zueinander scheinen, so ähnlich sind sie oft in dem, was sie früher erlebt und erlitten haben. So war Hildegard ganz ähnlich wie Günther viel übersehen worden und beide mussten immer kämpfen, um irgendeine Beachtung zu bekommen. Das ist für sie zu einem Lebensthema geworden: Kampf um Beachtung! Und dieser Kampf lebt nun, da sie nach seiner Berufsphase räumlich so eng zusammen sind, in seiner ganzen verzweifelten Härte wieder auf. Das wechselseitig zu verstehen, war für die beiden von größter Bedeutung. Hildegard konnte dadurch im erwachsenen Günter den bedürftigen kleinen Jungen spüren, und Günter das bedürftige kleine Mädchen in Hildegard erahnen. Einmal, als er sie so erlebte, stiegen ihm Tränen des Mitgefühls in die Augen, und das berührte sie tief, und weil er ihr Mitgefühl in ähnlicher Weise spürte, war der Kampf mit einem Mal zwischen ihnen für eine ganze Weile zu Ende. Sie entwickelten einen achtungsvollen Umgang miteinander, der eine Nähe zueinander ermöglichte, die sie bisher in der Beziehung noch kaum erlebt hatten.

Eine weitere, zusätzliche Hilfe, nicht wieder zu dem fatalen Kampfmuster zurückzukehren, war für beide ein Vorschlag, mit dem ich auch bei anderen, ähnlich konfliktbelasteten Paaren schon gute Erfahrungen gemacht habe: nämlich der Vorschlag, ihre Vorwürfe in Wünsche zu verwandeln. Statt sich weiter in Vorwurf und Gegenvorwurf zu verheddern, sollten sie einen Augenblick innehalten und sich klar werden: „Was ist der Wunsch, der in meinem Vorwurf an Hildegard – an Günter enthalten ist?" Und: „Wenn ich anstelle des Vorwurfs dem andern meinen Wunsch sagte, wie würde er lauten?" Als wir das erarbeitet hatten, forderte ich beide auf, miteinander Augenkontakt aufzunehmen, und sich den Wunsch wechselseitig zu sagen und den anderen um dessen Erfüllung zu bitten. Das klang dann unter anderem so: Statt „Immer muss es nach deinem Kopf gehen!" lautete die „Botschaft" Hildegards an Günter jetzt: „Wenn du Änderungen im Garten vorhast, bitte ich dich, das mit mir abzusprechen. Ich fühle mich sonst übergangen!" – Oder von Günter an Hildegard: statt „Das hast du schon wieder mit den Kindern gegen mich ausgeheckt!" zum

Beispiel: „Bitte bezieh' mich ein, wenn mit den Kindern etwas auszuhandeln ist. Ich möchte zu euch gehören und nicht ausgeschlossen sein!" – Die Veränderung, die sich durch derartige Neuformulierungen vollzog, war erstaunlich. Es war nichts mehr von Kampf spürbar, die beiden hatten plötzlich wieder auf der anderen Ebene, auf der Ebene ihrer Bedürftigkeit und Sehnsucht, Kontakt miteinander. Diese „Übung" zusammen mit dem gewachsenen Verständnis für die wechselseitige Bedürftigkeit nach Achtung und Anerkennung half ihnen, das Kampfmuster nach und nach fast ganz zu überwinden.

Das Beispiel von Günter und Hildegard macht deutlich, dass das Ausscheiden aus dem Beruf eines der Partner die bisherige Machtbalance des Paares vollständig zum Kippen bringen kann. Und gleichzeitig zeigt sich auch hier, dass dies eine Chance für die Beziehung darstellt, weil diese Machtbalance keine gute war, sondern einen latenten Konflikt nur verdeckt hatte. Wenn dieser, angestoßen durch die äußeren Veränderungen des Berufsendes, offenkundig wird, ist das schwer für die Beteiligten, aber dadurch wird er auch einer Lösung zugänglich. Allerdings braucht es dazu die Bereitschaft des Paares, sich auf eine so tiefgehende Auseinandersetzung einzulassen, wie ich sie bei Günter und Hildegard erlebt habe.

Der entzauberte Held

Christian und Claire

Schließlich sei noch ein viertes Muster erwähnt, bei dem es wieder mehr um eine neue Ausbalancierung von Autonomie und Bindung geht, jedoch auf eine ganz andere Weise, als es im ersten Beispiel der Fall war. Es handelt sich um ein Paarmuster, das man – wieder im „Fachjargon" – als „symbiotisch gebunden" bezeichnen könnte, weil die Partner während der aktiven Zeit eine überstarke Bindung aneinander entwickelt haben, was gerade nach dem Ausscheiden aus dem Beruf ebenfalls in eine akute

Krise führen kann: Christian hatte zuletzt eine verantwortungsvolle Führungsposition in einem internationalen Konzern inne. Er war mit seiner Berufsrolle vollständig identifiziert, nur führte das in diesem Fall keineswegs zum Konflikt, weil seine Frau ihn darin bedingungslos unterstützte und gar nichts anderes wollte als das. Claire erlebte sich in ihrer Rolle nämlich keineswegs als die Verzichtende. Sie wollte gar kein „eigenes Leben". Vielmehr sonnte sie sich in seinem Glanz. Seit die Kinder erwachsen waren, stand sie Christian jederzeit für Repräsentationsaufgaben zur Verfügung. Sie genoss es auch, mit ihm zu reisen und dabei ihr eigenes Damenprogramm zu absolvieren. Wenn Gäste aus dem Ausland da waren, empfing er sie öfter zuhause, sie wollte das auch so, und sie war ihnen eine wunderbare Gastgeberin. Sie lebte ganz und gar mit ihm und für ihn, und das machte ihr Leben bunt und abwechslungsreich. Sie lebte von seinem Glanz, und er von ihrer bedingungslosen Unterstützung: Das war ihre „Symbiose", und diese wurde von beiden subjektiv als eine ausgeglichene und glückende Balance erlebt.

Sein Ausscheiden aus dem Beruf bewirkte jedoch die Zerstörung dieser Balance. Er, der Bewunderte und sie, die Bewundernde – das funktionierte jetzt nicht mehr. Der Glanz, den ihm seine berufliche Rolle verliehen hatte, war verschwunden. Dahinter wurde ein Christian sichtbar, der von seinem totalen Einsatz während der Berufszeit auch erschöpft war, der deutlicher als bisher dieses oder jenes altersbedingte Wehwehchen spürte und darüber zu klagen begann. Einen jammernden Christian hat Claire aber bisher nicht gekannt. Sie hat so gut wie nichts Eigenes aufgebaut, sie hat hauptsächlich durch ihn gelebt. Sein Glanz ist aber jetzt gründlich verschwunden. Eine dunkle Wolke von Depression senkt sich über die Beziehung, und immer wieder zucken daraus auch grelle Blitze der Aggression, weil sie deshalb auch ärgerlich auf ihn ist, was sie sich natürlich gleich wieder zum Vorwurf macht, weil es ihm ja ohnehin so schlecht geht. Dennoch kann sie ihren Ärger nicht kontrollieren, er macht sich immer wieder Luft, und ihn treffen diese Blitze besonders hart, weil er *das gar nicht kennt von ihr, und weil er ja ohnehin den Verlust seiner Stellung so schwer verkraftet.*

Ein neues Beziehungskonzept

Die beiden mussten für ihr Leben ein ganz neues Paarkonzept finden. Mit dem bisher gelebten waren sie beide ganz und gar identifiziert gewesen. Deshalb bestand der erste Schritt zunächst darin, sich dafür nochmals gegenseitig zu danken und anzuerkennen, was einer für den anderen getan und einer dem anderen bedeutet hatte. Dafür mussten beide sich allerdings von ihrem aktuellen Ärger und der aktuellen Enttäuschung ein Stück weit distanzieren. Es gelang ihnen, miteinander darüber hinweg in ihre gemeinsame Vergangenheit vor dem Ruhestand zurückzuschauen, und sich ihren Dank wechselseitig zum Ausdruck zu bringen. Dies veränderte auch tatsächlich die Atmosphäre zwischen ihnen, eine Überwindung der Krise war es allerdings noch nicht. Denn das Problem bestand ja darin, dass das bisherige Paarkonzept nicht mehr trug. Es galt also – bei aller Anerkennung des Gewesenen und auch bei aller Trauer darum, dass es vorbei war – sich auf den Weg zu machen und nach einem neuen Beziehungskonzept zu suchen.

Dabei kamen sie in einen Prozess sehr fruchtbarer Auseinandersetzung: Gewiss hatte das bisherige Leben beiden viel Befriedigendes gegeben, aber hatten sie sich als Personen dabei nicht doch auch teilweise vernachlässigt? Hatte nicht seine Berufsrolle sowohl für sie, als auch für ihn selbst, eine zu dominierende Bedeutung? Hatte nicht der damit verbundene Glanz vieles bei ihm und noch mehr bei ihr auch überdeckt und nicht deutlich werden lassen, was die beiden als Individuen darüber hinaus auch noch waren oder hätten sein können? Der Absturz in die beidseitige Depression, in Ärger und Verletztheit hatte wohl damit zu tun. Denn ihre Entwicklung als Individuen hatte sich zu einseitig vollzogen. Hier wurde vieles, allzu vieles getan, um eine glanzvolle „Persona" zu entwickeln, und zu wenig, um auch noch die anderen, tiefer liegenden Qualitäten des eigenen „Selbst" im Sinne von C.G. Jung auszubilden (vgl. dazu Müller u. Müller 2003).

Der Begriff „Persona" ist bei Jung keineswegs im Sinn einer negativ zu wertenden „Maske" zu verstehen. Die Persona ist das, was wir nach außen, für den Kontakt mit der Umwelt ausbilden und ausbilden müssen. Das ist ein Teil notwendiger Entwicklung. Diese Persona kann aber auch zur Gefahr und tatsächlich zu einer Art „Maske" werden, wenn wir uns nicht spätestens im Laufe der zweiten Lebenshälfte auch dem tiefer liegenden Potential unserer Persönlichkeit, dem „Selbst", dem, was wir „eigentlich" sind, zuwenden. Die Notwendigkeit dazu äußert sich häufig auch im eigenen Erleben. Die kleinen Wehwehchen und Missstimmungen von Christian und die Enttäuschung Claires zeigten, dass sich beide zu lange bei der „Persona" aufgehalten und sich nicht um dieses tiefer liegende „Selbst" gekümmert hatten. Sicherlich war es zum jetzigen Zeitpunkt schon spät, aber noch keineswegs zu spät dafür. Es ging zunächst darum, dass beide sich darauf zu besinnen begannen, welche Lebensimpulse jetzt oder auch schon in früheren Jahren da waren, die sie aber nicht beachtet und denen sie nicht nachgegangen waren, weil sie alle Aufmerksamkeit seinem Beruf geopfert hatten. Was war zum Beispiel mit dem Impuls, das Hier und Jetzt einfach zu genießen, auch ohne sensationelle Ereignisse und großartige Ziele? Oder mit dem Bedürfnis, sich mehr Ruhe zum Ausspannen zu gönnen? Oder wo hatten sich auch Fragen nach dem tieferen Sinn des Lebens gestellt, nach seiner spirituellen Dimension?

Es ging mit einem Wort darum, von der Extraversion, von der Außen-Orientierung, in die Introversion, zur Aufmerksamkeit nach innen zu gehen. Das hieß zum Beispiel auch, die Träume und Sehnsüchte zuzulassen und zu beachten, die sie bisher überhaupt nicht registriert hatten. Wenn Menschen sich darauf einlassen, dann eröffnen sich die tieferen Dimensionen ihres Selbst, was immer das für den Einzelnen dann konkret bedeutet. Einerseits ging es also jetzt für Christian und Claire um mehr Autonomie für jeden in der Beziehung, weil jeder der beiden mit der Frage konfrontiert war: Was erschließt meinem Leben eine neue Tiefe, die nicht mehr so auf äußeren Glanz angewiesen ist? Und andererseits ging es auch um das Thema Bindung, nämlich um die Frage, was anstelle seines Berufes, der alles zwar ausgefüllt, aber die Seelen der beiden nicht wirklich erfüllt hatte, ein neues gemeinsames Drittes sein konnte, das beide neu miteinander zu verbinden imstande war und den Aufbruch in eine neue gemeinsame Zukunft ermöglichte. Das Suchen und Entwickeln dieses „neuen gemeinsamen Dritten" war für den Neubeginn der Beziehung der beiden von entscheidender Bedeutung. Damit aber sind wir bei dem Thema angelangt, das uns im folgenden Kapitel ausführlich beschäftigen wird.

Die Chance in der Krise entdecken

Bevor wir damit fortfahren, möchte ich aber noch kurz innehalten und im Rückblick auf die skizzierten Fälle darauf aufmerksam machen, dass der Weg dieser Paare in die Krise und durch sie hindurch zu einem Neuanfang der Beziehung immer in ähnlichen Etappen verläuft. Für Betroffene mag es demnach hilfreich sein, diese Etappen durch die folgenden Fragen zu markieren, durch die sie für sich die weiterführenden Antworten finden können. Sollten sie dadurch nicht selber zum Ziel gelangen und eine professionelle Beratung in Anspruch nehmen, könnten diese Fragen trotzdem sehr hilfreich zur Vorbereitung und Begleitung eines solchen Beratungsprozesses sein.

1. Was hat sich jetzt durch den Berufsausstieg in unserem Zusammenleben geändert? Wie hat unser Beziehungsmuster tendenziell vorher ausgesehen, inwiefern hat es sich jetzt geändert, oder was ist durch das Berufsende durcheinandergeraten und in welcher Weise?
2. Wie habe ich, wie hast du unser Beziehungsmuster vorher erlebt? Wie würden wir es beschreiben? War es für uns beide befriedigend, oder was war für einen von beiden oder für beide daran unbefriedigend? Was wollten wir, oder ich, oder du,

eigentlich immer schon mal daran ändern, ohne dass es dauerhaft gelungen wäre?

3. Wenn das alte Muster jetzt nicht mehr geht oder zu konfliktbesetzt ist: Zu welcher Neugestaltung im Sinn des bisher nicht Gelungenen könnte uns das anregen oder herausfordern?

4. Welche Lebensthemen, die uns – dich und mich – schon immer begleiten, werden in der durch den Ruhestand ausgelösten Krise und der Auseinandersetzung damit neu angesprochen und deutlich? Die Chance besteht jetzt für beide Partner, sich damit neu auseinanderzusetzen und diese Themen dadurch auf eine bessere Weise ins eigene und gemeinsame Leben zu integrieren.

Wenn Partner auf diese Fragen gemeinsame Antworten finden, ist es meist nicht schwer, die entsprechenden Veränderungen einzuleiten. Schwierig wird es, wenn die Antworten zu verschieden oder gegensätzlich ausfallen. Denn wenn man sich auf die Beschreibung der Probleme nicht einigen kann, wie will man sie dann lösen? In einem solchen Fall empfiehlt es sich, vermittelnde Dritte hinzuzuziehen, am besten solche, die sich professionell mit Konfliktlösung befassen wie Berater und Therapeuten.

2. Ein neues „Drittes"

In eine gemeinsame Richtung schauen

Bei Christian und Claire, dem letzten Paar im vorausgegangenen Kapitel, ist besonders deutlich geworden, was Paare im „dritten Lebensalter" häufig brauchen, damit ihre Liebe lebendig bleibt oder wieder lebendig wird: ein neues Drittes. Was ist damit gemeint? Von dem französischen Schriftsteller Antoine de Saint Exupery stammt der Satz: „Liebe besteht nicht darin, einander in die Augen zu schauen, Liebe besteht vielmehr darin, gemeinsam in dieselbe Richtung zu schauen". Dieser Satz gilt freilich nicht für Verliebte. Sie finden ihr Genügen darin, „einander in die Augen zu schauen", sie gehen in der Erfahrung liebevoller Gegenseitigkeit auf. Der Satz gilt sicher auch nicht ausschließlich für Partner in länger dauernden Beziehungen. Denn auch für ihre Liebe ist es immer wieder wichtig, „einander in die Augen zu schauen", beieinander zu verweilen in der Verbindung vom Ich zum Du, in der Berührung ihrer Herzen. Dennoch macht der Satz etwas Wesentliches bewusst: In eine gemeinsame Richtung schauen, auf etwas Drittes hin ausgerichtet sein, das braucht die Partnerliebe, um sich weiterzuentwickeln.

„Der, die, das Dritte" in der Beziehung ist im Übrigen auch gar nicht zu vermeiden. Von Anfang an, wenn sich zwei Liebende zusammentun, müssen sie sich mit Drittem auseinandersetzen. Die gemeinsame Lebensperspektive muss diskutiert und geklärt, der künftige Wohnort beschlossen, der Kontakt zu Eltern und Schwiegereltern geregelt, das Verhältnis Beruf/Familie muss geklärt, die Frage „Kinder ja oder nein?" beantwortet werden. Immer mischt sich irgendetwas oder irgendwer in ihre Zweisamkeit ein, oder es wird von den beiden selber Drittes angesteuert oder in Anspruch genommen, über das sie sich einigen, zu dem sie einen gemeinsamen Weg finden, das sie in die Beziehung hineinnehmen müssen.

„Dritte" haben es an sich, dass sie die Liebe auch stören können. Man gerät sich bezüglich Wohnung und Wohnort, Verwandten, Kindern in die Haare. Der Frau möchte die Mutter des Mannes nicht so nahe haben wie dieser, weil sie deren Einfluss auf ihn fürchtet. Ein Berufskollege der Frau, von dem sie zu schwärmen beginnt, schürt die Eifersucht des Ehemannes, oder das gemeinsame Kind, das sich beide gewünscht haben, erlebt der Mann als Störung der Zweisamkeit und die Frau nach einiger Zeit als Hemmschuh für die eigene berufliche Entwicklung... Paare haben gar keine Wahl: Sie müssen sich immer wieder mit gewünschtem oder nicht erwünschtem „Dritten" auseinandersetzen, um es in irgendeiner Form zu „verarbeiten", es hereinzunehmen oder es auch auszugrenzen, oder eine Mischung aus beidem, um damit eine für beide akzeptable Weise zu finden, sich dazu zu verhalten.

Wenn sie das nicht schaffen, leidet die Liebe. Die beiden geraten durch „das Dritte" aneinander und in der Folge häufig auch auseinander. Wenn sie es aber schaffen, mit Hilfe des Dritten eine neue Übereinstimmung zu finden, so ist immer wieder zu beobachten, dass die Liebe daran wächst und reift. Das gemeinsam gut bewältigte Dritte nährt die Beziehung, selbst wenn es zunächst höchst krisenhaft war, wie zum Beispiel eine Außenbeziehung eines der Partner. Wenn die beiden nicht die Flinte ins Korn geworfen, sondern sich damit ehrlich auseinandergesetzt haben, kann es sein, dass auch durch dieses „Dritte" eine neue Innigkeit in der Zweierbeziehung entsteht, die es vorher so nicht gab.

Man könnte sogar so weit gehen zu sagen, dass die Auseinandersetzung mit Drittem das Entwicklungsprinzip von Paarbeziehungen ist: Die Zweisamkeit, die von sich aus dazu neigt, sich entweder zu symbiotischer Verstrickung oder zu einem kontaktlosen Nebeneinander zu entwickeln, braucht den, die, das Dritte(n) als Anstoß zu neuem Aufbruch, zu einem lebendigeren Gegenüber und zu neuer Begegnung. Die Entwicklung geht also von der „Dyade" (Zweierbeziehung) über die „Triade" (Dreierbeziehung) zu jeweils erneuerten und reiferen Formen der Dyade. Fällt „Drittes" mehr und mehr weg, drohen Sterilität und Leere.

Ein neues gemeinsames „Drittes"

Bei Paaren in der Phase der „Jungen Alten" ist die Situation bezüglich des gemeinsamen „Dritten" oft die: Das Dritte, das sie am stärksten verbunden hat und verbindet, ist die Familie, sind die gemeinsamen Kinder, die sie bekommen und großgezogen haben. Selbst wenn der Mann wenig präsent war und die Familienaufgaben hauptsächlich seiner Frau überlassen hat, fühlen sich beide über die Kinder am stärksten miteinander verbunden. Darüber hinaus haben sie natürlich noch vieles andere Dritte: Das Haus mit Garten, den Freundeskreis, die weitere Verwandtschaft, die ganze gemeinsame Geschichte mit allem, was sie erreicht, bewältigt, hinter sich gelassen haben. Allerdings sind diese verbindenden Dritten oft mehr im Hintergrund, denn häufig haben Mann und Frau im Laufe der Familienphase aufgrund ihres unterschiedlichen Engagements und aufgrund mancher Konflikte, die nicht wirklich, gelöst, sondern „unter den Teppich gekehrt" wurden, angefangen, immer mehr in einer je eigenen Welt zu leben, die zur Welt des andern immer weniger Verbindung hat. Nur die Kinder, die gemeinsame Familie sind bewusst oder unbewusst immer noch ein starkes Band, das beide Welten zusammenhält. Wenn die Kinder nun aus dem Haus gehen und ihr eigenes Leben leben, wird dieses Band dünner und fällt schließlich fast ganz weg. Hier liegt ein entscheidender Grund, warum sich heutzutage auch in diesem Alter immer häufiger Paare trennen: Mit dem Weggehen der Kinder wird den Partnern ihre Fremdheit plötzlich deutlich, weil das Auseinanderklaffen ihrer Welten jetzt unübersehbar wird. Was sie darüber hinaus noch verbindet, erscheint nun weniger bedeutsam, und der Wunsch nach neuer, intensiver Verbindung oder die Belastung, mit einem fremd gewordenen Partner plötzlich so nah aufeinander zu leben, wird so stark, dass man trotz des Alters und trotz der langen Jahre mit dem anderen einen Aufbruch zu neuen Ufern ohne ihn wagt. Daran wird die Wichtigkeit eines neuen verbindenden Dritten für den Bestand der Beziehung und ihre Lebendigkeit besonders deutlich.

Sicher brauchen die Partner, wenn die Schwelle zum Ruhestand überschritten ist, und dies gilt vor allem für die Männer, oft auch neue individuelle Inhalte für sich und ihr Leben. Claire und Christian sind ein Beispiel dafür. Genau so wichtig und manchmal sogar wichtiger ist es jedoch für eine lebendige Beziehung, dass die Partner sich auf die Suche nach einem neuen gemeinsamen Dritten machen, das sie wieder miteinander verbinden kann. Dabei ist die Gefahr groß, dass dieses Dritte gleichsam zu niedrig angesetzt wird. Öfter beobachte ich ältere Paare, die in einem Restaurant zusammensitzen und ein erstklassiges Menu miteinander verzehren, aber aneinander vorbei ins Leere starren und die ganze Zeit über kaum ein Wort miteinander wechseln. Oder sie verbringen ihre Abende ausschließlich vor dem Fernseher und gehen dann schweigend zu Bett. Kann Derartiges nicht auch ein Zeichen wortloser inniger Verbundenheit sein? Vielleicht ist es das. Meiner Beobachtung nach aber scheint häufiger das Gegenteil der Fall, dass sie nämlich einander innerlich fremd geworden sind. „Intimate strangers", „intime Fremdlinge" haben amerikanische Kollegen solche Paare genannt.

Nun ist überhaupt nichts dagegen einzuwenden, miteinander schön essen zu gehen oder einen gemütlichen gemeinsamen Fernsehabend zu verbringen. Allerdings: Das allein kann kein bedeutsames Drittes abgeben, das beide neu miteinander verbindet und die Beziehung belebt. Passiver Konsum allein reicht nicht. Viktor Frankl (1977) betonte immer wieder, dass wir Sinn und Wert darin erfahren, dass wir uns mit Sinn-vollem und Wert-vollem in unserem Leben auseinandersetzen. Und der Ungarn-Amerikaner

Mihaly Csikszentmihalyi erforschte das sogenannte „Flowerlebnis" (1991) mit dem Ergebnis: „flow", wie er es nannte, die beglückende Erfahrung, ganz mit seinem Tun eins zu werden und darin aufzugehen, machen wir nicht in passivem Aufnehmen, sondern nur, wenn wir Kraft und Initiative in etwas investieren. Engagement für Bedeutsames, Wertvolles, Sinnhaftes erfüllt unser Leben mit Sinn.

Gemeinsames Engagement

Natürlich ist nach dem Übergang in den Ruhestand auch der Wunsch nach Ausruhen berechtigt, natürlich soll man sich auch den bisher vernachlässigten Konsumfreuden welcher Art auch immer wieder hingeben. Sich öfter Zeit zu nehmen für ein gemeinsames Mahl mit ganz speziellen lukullischen Freuden oder sich gemeinsame Fernsehabende im gemütlichen Sessel und mit einem Glas Wein zu gönnen, auch das kann gegenüber der Hetze früherer Jahre eine wunderbare Bereicherung sein. Dagegen will ich hier keineswegs polemisieren. Aber die meisten „Jungen Alten" sind heutzutage noch zu fit, um sich ohne Schaden ausschließlich mit passivem Konsum begnügen zu können. Die Gefahr ist, dass hier Leere und Langeweile ihr graues Haupt erheben. Leere und Langeweile aber sind gefährliche Liebestöter.

Rückgriff auf Ungelebtes

Es geht also in dieser Lebensphase auch um die Frage: Was könnte für uns ein wertvolles Thema, ein wichtiges Anliegen sein, für das wir uns engagieren wollen? Hier lohnt es sich, wenn Paare über Familie und Kinder hinaus schon in früheren Lebensphasen Gemeinsames hatten, wofür sie sich engagiert haben und sich begeistern konnten. Wenn sie zum Beispiel miteinander musiziert haben, können sie damit wieder beginnen. Oder wenn es ihnen Spaß gemacht hat, einander vorzulesen, können sie das jetzt regelmäßiger pflegen. Oder sie können die Reisen angehen, von denen sie früher nur geträumt haben und können das Reiseerlebnis dadurch vertiefen, dass sie sich durch entsprechende Literatur gründlicher darauf vorbereiten, als es ihnen früher die Zeit erlaubte.

Auch Kontakte und Freundschaften von früher wieder zu beleben, gehört hierher. Selbst wenn gute alte Freundschaften lange Zeit nicht mehr gepflegt wurden – aus Zeitmangel oder auch, weil man sie einfach vernachlässigt hat, kann man immer wieder feststellen, dass es möglich ist, sehr schnell an der „alten Zeit" wieder anzuknüpfen. Manchmal braucht es freilich Mut, diesen Schritt zu tun, weil man fürchtet, sich erklären oder für die Beziehungspause rechtfertigen zu müssen. Oft stellt sich allerdings heraus, dass dies ganz unnötig ist und dass der innige Kontakt von früher ganz schnell wieder hergestellt ist. Das wird dann häufig erlebt wie das Wieder-Hereinholen einer früheren Zeit in die Gegenwart und lässt den „roten Faden" des eigenen Lebens wieder neu spüren. Nicht selten bilden sich aus solchen Initiativen neue Netzwerke, die sehr bereichern können und der Gefahr der Vereinsamung zu zweit entgegenwirken: Paare treffen sich in Gruppen zum Austausch über wichtige Themen, sie starten Unternehmungen miteinander, gehen sogar miteinander in Urlaub oder auf Reisen. Das kann die jetzige Situation des alternden Paares sehr bereichern.

Auch ein Haustier kann zu einem wichtigen neuen Dritten werden. Es kann einem Paar große Freude bereiten, sich zum Beispiel wieder einen kleinen Hund anzuschaffen, ihn großzuziehen und mit ihm das Leben zu teilen, vor allem dann, wenn mindestens einer von beiden sich aus früheren Erfahrungen auf den Umgang damit versteht. Abgesehen davon, dass ein Hund dafür sorgt, dass man auch bei Regen und Wetter ins Freie muss, körperlich in Bewegung bleibt und damit viel für die eigene Fitness tut, kann die gemeinsame Sorge um dieses Lebewesen sehr miteinander verbinden. Außerdem gibt es an einem solchen Tier so vieles zu beobachten und zu erleben, was Freude bereitet: seine Gelehrigkeit, seine Treuherzigkeit, sein manchmal drolliges Verhalten, und einfach seine Lebenslust...

Das Spektrum der Möglichkeiten, dem gemeinsamen Leben über ein Drittes neuen Sinn zu verleihen, ist also breit. Das Wichtige dabei ist allerdings, dass es etwas ist, für das die Partner aktiven Einsatz und Engagement erbringen: Denn vor allem im aktiven Tun erschließen sich Wert und Sinn, die das Paarleben neu bereichern.

Auf einen gefährlichen Hemmschuh bei allem, was früher gepflegt wurde und Geschicklichkeit, Kraft und Ausdauer verlangte, wie bei künstlerischer Tätigkeit und sportlich-körperlichen Tätigkeiten, möchte ich in diesem Zusammenhang hinweisen. Es ist die Einstellung: „Das kann ich nicht mehr!" oder „Das geht nicht mehr so wie früher, da bin ich völlig aus der Übung!" Hier wird der Anspruch erhoben, dass das, was ich jetzt wieder aufgreife, dasselbe Niveau, dieselbe Qualität haben müsste wie früher – und zwar möglichst sogleich, wenn ich wieder damit beginne. Und weil das nicht möglich ist, lässt man es lieber ganz, wieder damit anzufangen. Freilich ist dieses Wiederaufgreifen von früheren Betätigungen oft auch eine Konfrontation mit dem Minderungsprozess des Alterns: Die Finger gleiten nicht mehr in derselben Geschwindigkeit über die Tasten des Klaviers, der Tennisschläger gehorcht nicht mehr so selbstverständlich meinen Intentionen wie früher und bei den kurzen Kletterstellen am Berg, die wir früher mit Leichtigkeit bewältigt haben, kriege ich plötzlich heftige Angst. Um diese Konfrontation zu vermeiden, wagen sich viele nicht mehr an das heran, was früher ein wichtiger Bestandteil ihres Lebens war. Was hier nottut, ist eine Veränderung der Einstellung. Es geht nicht mehr um Leistung. Es geht nicht darum, genau so flink und kraftvoll zu sein wie früher. Es geht um ein neues Genießen der Tätigkeit selbst.

Dazu kann helfen, dass wir uns – jedenfalls zunächst und für die erste Zeit – vornehmen: Einfacheres, Leichteres wählen, es langsamer ausführen und genügend Pausen machen. Wenn es gelingt, die Leistungsansprüche auf diese Weise etwas zurückzustellen, kann es durchaus sein, dass wir in einer neuen Weise mit der Sache selbst, um die es geht, in Kontakt kommen: mit der Schönheit der

Musik, der Qualität der Bewegung und der Freude am gemeinsamen Tun. Abgesehen von dem größeren Genuss lassen wir dabei dann auch die manchmal mörderischen Maximen, die in früheren Jahre oft auch unsere Freizeitaktivitäten geprägt haben – „Noch mehr, noch perfekter und in immer kürzerer Zeit" – endgültig hinter uns und kehren zu einem menschlichen Maß in unserem Leben zurück.

Eine weitere Schwierigkeit kann darin bestehen, dass Paare auf wenig oder nichts Gemeinsames zurückgreifen können, weil ihre Energien früher durch Berufe und Familie vollständig absorbiert worden sind. Sie müssen ein gemeinsames wertvolles Drittes jetzt erst entdecken oder entwickeln. Dazu braucht es neue Ideen und Initiativen, und die Hemmschwelle, jetzt erst mit etwas zu beginnen, ist noch höher, als auf früher Gepflegtes zurückzugreifen. Es gibt aber viele Beispiele von Paaren dieses Alters, die das trotzdem schaffen: Sie studieren vielleicht noch ein neues Studienfach, sie beginnen – was auch im vorgerücktem Alter durchaus möglich ist – mit einer Sportart wie Schilanglauf, oder sie versuchen sich im Kirchenchor im gemeinsamen Gesang oder sie wagen es, sich in diesem vorgerückten Alter auch erstmals einen Hund anzuschaffen und zu lernen, wie man mit ihm umgeht... Auch hier – und hier besonders – droht die Selbstverurteilung: „Ach, dazu bin ich doch schon zu alt!" Sich hier mit anderen zu vergleichen und dann zu resignieren, ist eine große Gefahr. Ohne solche Vergleiche ist immer noch viel mehr möglich, als wir oft denken. Wichtig ist, statt sich Leistungs- oder andere Verhaltensnormen zu setzen, zu spüren, wohin unsere Sehnsucht und unsere Lust geht und uns dann auf das Tun selbst einzulassen, es zu genießen und die Freude an der daraus entstehenden neuen Gemeinsamkeit zu spüren.

Großelternschaft

Oft kommt uns mit einem gemeinsamen Dritten aber auch das Leben selbst entgegen, wir müssen es nur erkennen und die Chance ergreifen. Zum Beispiel könnte es sein, dass Sohn oder Tochter durch ein Enkelkind dieses Dritte anbieten. Zweifellos sollen sich ältere Menschen auch erlauben, nach ihrem Engagement für Kinder und Familie, jetzt wieder ganz ihrer Partnerschaft zu leben und ihre Zeit mit den verschiedensten Aktivitäten für sich zu nutzen. Es kann aber sein, dass sie gerade darin einen besonderen Sinn finden, sich der Generation der Enkel zu widmen und damit ihren Töchtern und Söhnen zu ermöglichen, eine bessere Balance zwischen Beruf und Familie herzustellen, als sie es in ihrem eigenen Leben schaffen konnten. Es ist eine wunderbare Möglichkeit, die wir haben, mit eigenen unbefriedigend bewältigten Themen doch noch auf eine gute Weise in Frieden zu kommen dadurch, dass wir der nachfolgenden Generation durch unser Engagement helfen, eine bessere Lösung, als sie uns möglich war, zu finden.

Enkelkindern ist dieser Kontakt zu den Großeltern oft sehr wichtig. Sie lieben sie heiß und innig. Ein Grund dafür ist, dass Oma und Opa häufig gelassener sind und nicht mehr so unter Druck stehen wie die vielfach in Anspruch genommenen eigenen Eltern. Ein anderer wichtiger Grund dafür ist: Sie haben Geschichten zu erzählen! Fulbert Steffensky erklärt in einem Vortrag, warum das für die Kinder so faszinierend ist: „Die Erzählung macht aus den treibenden Bruchstücken des Lebens einen Strom aus Zeit und Sinn. Wenn wir unseren Enkeln erzählen, bleiben sie nicht in der stummen Gegenwart eingekerkert. Sie lernen, woher sie kommen und wohin sie gehen. In jedem Märchen, das wir erzählen, in den biblischen Geschichten und in den Geschichten unseres eigenen Lebens flüstern wir unseren Kindern zu: das Leben geht. Du kannst dem Unglück entrinnen, wie wir Alten entronnen sind; wie Hänsel und Gretel der Hexe entronnen sind und Jona aus dem Bauch des Walfischs gerettet wurde" (Steffensky 2007, S. 2).

Beim Leben der Großelternschaft haben wohl auch wieder die Männer stärkeren Nachholbedarf. Frauen engagieren sich häufiger für die Enkel und finden darin Glück und Erfüllung. Männer tun es viel weniger. Aber wenn man Opas im Umgang mit ihren Enkelkindern (zum Beispiel auch beim Geschichten-Erzählen) beobachtet, ist evident: Es macht ihnen genau so viel Freude wie den Omas. Das alte Rollenklischee, dass für kleine Kinder ausschließlich die Frau zuständig ist, scheint sich hier immer noch einengend auszuwirken, ganz im Widerspruch zum subjektiven Empfinden der Männer. Und abgesehen von der Freude, die ältere Männer im Ungang mit ihren Enkelkindern erfahren: Engagierte Opas könnten einen ganz wichtigen Beitrag dazu leisten, dass die Kinder, vor allem die Jungen, nicht – wie es derzeit noch immer der Fall ist – in ihrem Aufwachsen fast ausschließlich Frauen erleben. Denn viele Probleme der heute nachwachsenden männlichen Generation – wie schlechte Noten, Disziplinschwierigkeiten, Gewalt, Drogenkonsum – sind wohl auch darauf zurückzuführen, dass ihnen verlässliche männliche Bezugspersonen fehlen. Somit bekommt die intensiv wahrgenommene Opa-Rolle auch eine gesellschaftlich relevante Bedeutung! Aber auch ganz abgesehen davon: Für die Großeltern bedeutet es häufig eine tiefe Glückserfahrung, sich ohne den früheren Druck, nur ja nichts falsch zu machen und nur ja alles rechtzeitig zu erledigen, den Kindern zu widmen und diese in ihrer Lebendigkeit und Vitalität zu erleben, eine Glückserfahrung, die auch ihr eigenes Zusammenleben bereichert und neu mit Sinn erfüllt.

Aus dem Gesagten ergibt sich unmittelbar, dass nicht nur die leiblichen Großeltern, sondern auch Wahl-Oma und Wahl-Opa eine attraktive Aufgabe als „gemeinsames Drittes" sein könnten. Nicht nur über die Verwandtschaftsverbindungen könnten solche neue Aufgaben entstehen, sondern auch durch Angebot und Nachfrage. Viele jungen Familien, die heute immer noch in der misslichen Lage sind, keine Betreuungsplätze für ihre kleineren Kinder zu finden, könnten auf diese Weise Hilfe und Unterstützung erhalten – und für die älteren Paare könnte dies zu einem sinnstiftenden und erfüllenden gemeinsamen Engagement werden. Hier wäre ein weites Feld, Netzwerke und Vermittlungsstellen ins Leben zu rufen, um solche Betreuungsmöglichkeiten zugänglich zu machen.

Gesellschaftliches Engagement

Soziologen und Gesellschaftswissenschaftler sind heute der Meinung, dass sich bei der derzeitigen Entwicklung einer sich globalisierenden Wirtschaft mit ihren immer ausgeprägter neoliberalen Trends die Errungenschaften der deutschen „Sozialen Marktwirtschaft" nicht erhalten lassen, wenn es nicht zu einer Neubelebung des Ehrenamtes kommt, ähnlich wie dies schon in den USA und in Europa in Holland und den Skandinavischen Ländern der Fall ist. Weil man sich bei uns bisher auf den Staat und sein finanzielles Engagement verlassen konnte, ist ehrenamtliches Engagement für gesellschaftliche Angelegenheiten bei uns eher die Ausnahme. Hier tun sich aber für ein „neues Drittes" im Leben älterer Paare gute Möglichkeiten auf.

Ein schönes Bild dafür ist für mich die Geschichte des alten Modell-Paares aus der Antike, Philemon und Baucis, wie sie uns Ovid überliefert (Jellouschek 2005b, S. 165-183). Sie empfangen die Herberge suchenden Götter Zeus und Hermes, die von den viel wohlhabenderen Bewohnern der Stadt abgewiesen worden sind, und nehmen sie bei sich auf. Sie laden sie zu Tisch, fragen sie einfühlsam über die Strapazen des Tages aus und bewirten sie mit einem köstlichen Mahl. Sie – die „Ruheständler" sozusagen – kümmern sich um diejenigen, die noch die „Last der Regierungsverantwortung" tragen – ein schönes Bild für eine mögliche Aufgabe, die heutige „Junge Alte" in ihrer Lebensphase ergreifen könnten! Und während Philemon den Wein großzügig ausschenkt, stellt er mit einem Mal fest, dass dieser im Krug nicht mehr versiegt. Das heißt: Was sie haben, wird durch das großzügige Geben an die, die Unterstützung brauchen, nicht weniger, im Gegenteil, es wird mehr, es kommt wieder zu ihnen zurück, und es macht sie, die großzügig Gebenden, selber reich. Die Frage lautet also: Was könnte für uns als Paar, das nicht mehr mit Beruf, nicht mehr mit Kindererziehung und Existenzsorgen belastet und ausgelastet ist, was könnte für uns der Wein sein, den wir jetzt auszuschenken und zu verteilen haben?

Gemeinsam übernommenes, ehrenamtliches Engagement kann für Paare zu einem neuen Lebensinhalt werden. Kirchengemeinden, Kommunen, soziale Einrichtungen, Umweltverbände und dergleichen bieten hier vielerlei Möglichkeiten an, sich für Anliegen zu engagieren, die für das Überleben unserer Gesellschaft und unserer Welt von größter Bedeutung sind. Es geht um nichts Geringeres als die Entwicklung einer „Zivil- oder Bürgergesellschaft – eine Entwicklung, die zwar erst in den Anfängen steckt, sich aber immer weiter ausdehnen wird, ein guter Nährboden für eine neue Alterskultur", schreibt Herrad Schenk (2005, S. 171), und sie widmet diesem Thema in ihrem sehr lesenswerten Buch ein ganzes Kapitel, in dem sie eine reiche Fülle verschiedenartigster Gruppen und Initiativen zusammengetragen hat, in denen sich „Junge Alte" engagieren und auch noch viel zahlreicher engagieren könnten (S. 152-171). Solch „freiwillige Arbeit und all das, was mit ihr verbunden ist, ist durchaus befriedigend. Sie erfüllt viele Kommunikationsbedürfnisse älterer Menschen, sie wirkt eventuell vorhandenen Einsamkeitsgefühlen entgegen – und es ist nachgewiesen, dass sie mit einer höheren Lebenszufriedenheit einhergeht." (Schenk 2005, S. 170f). Oft sind solche Engagements auch noch gekoppelt mit entsprechenden Fortbildungen. Dadurch wird nicht nur die individuelle Kompetenz erhöht und der eigene Horizont erweitert, was in dieser Lebensphase unter Umständen an sich schon sehr willkommen ist. Man lernt dabei auch interessante Menschen kennen, und neue Freundschaften entstehen, die wiederum das Paarleben neu zu beleben imstande sind. So hört der Wein, den man großzügig ausschenkt, nicht mehr auf zu fließen und wird zum eigenen Reichtum!

Auch neue Initiativen für die Gruppe der eigenen Altersgenossen zu entwickeln, über die man aus eigener Erfahrung am besten Bescheid weiß, kann hier ein lohnendes Engagement sein. So entwickelte der Alt-Bürgermeister von Bremen, Henning Scherf zusammen mit engagierten Mitstreitern über Jahre hin ein Wohnprojekt für gleichaltrige Paare, über das er in seinem ebenfalls sehr lesenswerten Buch „Grau ist bunt" (2006) berichtet. Mit zwei weiteren Paaren und einer Einzelperson arbeiteten er und seine Frau über mehrere Jahre hin daran, dieses Projekt ins Laufen zu bringen.

Aus dem Bericht wird zwar deutlich, dass etwas Derartiges keineswegs einfach zu bewerkstelligen ist. Allen individuellen Bedürfnissen gerecht zu werden und gleichzeitig doch eine Gemeinsamkeit zu finden und zu entwickeln, die tragfähig ist und zu konkreten Ergebnissen führt, das bedarf sowohl großer Sensibilität als auch großer Geduld und zäher Zielstrebigkeit. Das Ergebnis solcher Anstrengungen scheint mir eine große gesellschaftliche Bedeutung zu haben: Durch solche Projekte entstehen neue Formen des Zusammenlebens in einer Art Großfamilie, die die Gefahr der Isolierung vor allem alternder Menschen überwinden könnte. Von der ganz konkreten Unterstützung, sei es beim Arztbesuch oder beim Einkaufen bis hin zu dem Gefühl, in einer tragfähigen Gemeinschaft eingebunden zu sein, auch wenn man keine engen Angehörigen mehr in der Nähe hat, ergeben sich hier viele Möglichkeiten, die Lebensqualität des eigenen und des gemeinsamen Lebens zu verbessern. Selbst wenn in solchen Wohngemeinschaften keine jüngeren Familien leben, werden durch die zu Besuch kommenden Angehörigen die jüngeren Generationen in größerer Zahl präsent als es durch die eigenen Kinder und Enkel der Fall wäre.

So sehr es gerade auch in dieser Altersphase wichtig ist, nicht immer nur Ziele vor Augen zu haben und auf diese hinzuarbeiten, vielmehr auch zu lernen, einfach den Augenblick zu genießen und im Hier und Jetzt zu leben, so haben doch auch derartige gemeinsame Projekte, die Paare miteinander verfolgen, eine wichtige und mehrfach positive Wirkung: Sie geben dem individuellen Leben einen neuen Inhalt. Sie schaffen eine neue Gemeinsamkeit. Und sie halten durch die gemeinsame Aktivität – vielleicht in unterschiedlichen Rollen und mit verschiedenen Aufgaben, aber für dasselbe Anliegen – die Beziehung lebendig.

Krankheit als gemeinsames „Drittes"?

Birgit klagt: „Jetzt hat er sich so auf seinen Ruhestand gefreut. Was für Pläne er hatte! Und was er alles mit mir zusammen unternehmen wollte! Und was passiert: Bei der Kontrolluntersuchung vor drei Monaten stellt der Arzt ein bösartiges Prostata-Karzinom fest. Nun muss er operiert werden und wir wissen überhaupt nicht, wie es weitergeht! Alles was wir zusammen in Angriff nehmen wollten, steht jetzt in Frage..."

Trotz der im statistischen Durchschnitt viel besseren gesundheitlichen Situation der „Jungen Alten" ereignen sich Schicksalsschläge wie dieser von Birgit beklagte jetzt häufiger als in früheren Lebensphasen: Eine chronische Krankheit wird diagnostiziert, eine Behinderung macht sich jetzt in verschlimmerter Form bemerkbar, ein überwunden geglaubtes Leiden meldet sich erneut und heftiger denn je. Aber ist es nicht zynisch, einen solchen Schicksalsschlag in den Zusammenhang eines „gemeinsamen Dritten" zu bringen und ihm womöglich einen positiven Sinn für die Paarbeziehung abgewinnen zu wollen? Die erwähnte Situation und ähnliche dieser Art, gerade am Beginn dieses neues Lebensabschnittes, sind natürlich schwere Schicksalsschläge. Und man wird niemandem, der davon betroffen ist, mit schnellen und besserwisserischen Ratschlägen kommen dürfen. Empathisches Da-Sein und tatkräftige Hilfe sind hier in erster Linie angezeigt.

Darüber hinaus aber dürfen Betroffene nicht vergessen, dass wir Menschen immer die Fähigkeit haben, etwas aus dem zu machen, was das Leben aus uns gemacht hat (Welter-Enderlin/Hildenbrand 1996, S. 29). Eine Erkrankung oder ein Leiden, das sich gerade jetzt wieder oder erstmals bemerkbar macht, können tatsächlich auch zu einem gemeinsamen Dritten gemacht werden, das das Leben mit neuem Sinn erfüllt. Ich habe dies selber erlebt, darum wage ich diese kühne Behauptung (Jellouschek 2004). Wenn Wut und innere Auflehnung gegen einen solchen Schicksalsschlag etwas abgeklungen sind, können wir uns trotz aller Trauer um das nicht mehr Mögliche der Frage zuwenden: „Wozu fordert uns diese

Krankheit heraus?" „Welchen Sinn können wir ihr für unser gemeinsames Leben jetzt abgewinnen?"

Krankheit als gemeinsame Aufgabe

Was für den Eintritt in den Ruhestand allgemein gilt, gilt hier in noch verstärktem Maße: Die bisherigen Beziehungsmuster des Paares geraten durch eine derartige Erkrankung häufig völlig durcheinander. Bruno, Birgits Mann, war bisher immer eher der Unnahbare, der sich schwer tat, das zu vermitteln, was ihn in seinem Herzen bewegte. Birgit überließ ihm in vielen Dingen die Initiative und wirkte eher im Hintergrund. Er war in vielen Dingen der Starke, sie hatte wenig Selbstbewusstsein und getraute sich selten, entschiedene Meinungen zu vertreten. Die Erkrankung Brunos scheint dies alles auf den Kopf zu stellen. Er ist plötzlich völlig durcheinander, wird hilflos und ängstlich. Birgit fühlt sich herausgefordert, jetzt die Dinge in die Hand zu nehmen. Sie erkundigt sich nach den kompetentesten Ärzten und Kliniken, sie ermutigt Bruno, noch diese und jene Information einzuholen, sie diskutiert mit ihm die Vorschläge, die ihm von verschiedenen Seiten hinsichtlich der geeignetsten Behandlungsmethode gemacht werden. Bruno wiederum greift das dankbar auf, er empfindet ihre Initiativen als ungeheuer hilfreich und unterstützend. Er folgt ihren Vorschlägen und überlegt ihre Ideen. Und vor allem: Bruno schafft es jetzt immer öfter, das, was in ihm vorgeht und womit er sich quält, nicht mehr für sich allein zu behalten. Er teilt sich mit, er äußert ihr gegenüber seine Ängste, und vor allem: Er kann ihr immer wieder sagen, wie dankbar er ihr jetzt ist, dass sie ihm so beisteht. In der Bedrohung der Krankheit geschieht etwas, was es die Jahre vorher nicht gab: Sie gewinnt an Selbstbewusstsein, und er kann loslassen, er schafft es, sich ihr anzuschließen und sich ihr zu öffnen.

Dadurch entsteht eine ganz neue Nähe zwischen den beiden, die es vorher nicht gab. Die beiden könnten sich auf das fixieren, was jetzt wahrscheinlich nicht mehr möglich ist, sie könnten mit dem Schicksal hadern und sich ihrer Angst und den Tendenzen zur Resignation überlassen. Sie aber nehmen stattdessen die Krankheit als Herausforderung, ihr bisheriges Beziehungsmuster aus seiner Einseitigkeit zu befreien. Sie entwickeln neue Seiten an sich, und das ermöglicht ihnen, gleichwertiger und inniger miteinander zu kommunizieren, als es ihnen in früheren Lebensabschnitten möglich war. Ein derart unerwünschtes „Drittes" wie die Erkrankung eines der Partner am Anfang oder während der neuen Lebensphase, wenn es in ähnlicher Weise genommen wird, wie Bruno und Birgit es tun, kann also ebenfalls dem gemeinsamen Leben einen neuen Sinn verleihen.

Auch für sich selber sorgen...

Schwieriger wird es zweifellos, wenn die Krankheit derart ist, dass sie die Persönlichkeit des Erkrankten mehr und mehr verändert, wie es zum Beispiel bei fortschreitender Demenz der Fall ist oder auch durch die Einwirkung notwendiger Medikamente oder anderer medizinischer Maßnahmen, wie zum Beispiel durch einen „Gehirnschrittmacher" bei der Parkinson-Erkrankung. Dann erlebt der Gesunde eine Veränderung des Partners und eine Entfremdung von ihm, die eine partnerschaftliche Gemeinsamkeit der Krankheitsbewältigung, wie sie im vorausgehenden Abschnitt beschrieben wurde, sehr erschweren oder auch unmöglich machen. Dies ist schmerzlich und kann unter Umständen bedeuten, dass der Pflegende erlebt: Die bisherige Beziehung ist zu Ende. Und das besonders Schwierige daran ist, dass dies ein „uneindeutiger Verlust" ist, weil der erkrankte Partner ja noch da, aber doch ein anderer geworden ist als er vordem war. Ein wirklicher Austausch unter Gleichen ist mit ihm nicht mehr möglich. Es kann helfen, sich dessen ganz ausdrücklich bewusst zu werden, und – wenn es auch sehr schmerzlich ist – hier innerlich einen ausdrücklichen Abschied zu vollziehen.

In jedem Fall aber braucht der gesunde Partner, der sich um den Erkrankten kümmert, jetzt auch vermehrt Fürsorge für sich selbst, und er braucht ein eigenes Leben. Die Gefahr, sich ganz für den Kranken zu verausgaben, ist hier vor allem für Frauen sehr groß.

Oft haben sie ohnehin ihr ganzes bisheriges Leben für andere ge-
sorgt, haben sich für den Ruhestand erhofft, dass etwas anderes
möglich wird – jetzt erkrankt der Mann – und alle Hoffnung ist
dahin. Hier ist von allergrößter Wichtigkeit, dass der Pflegende
darauf achtet, dass er neben dieser Aufgabe auch ein eigenes Leben hat, es entweder fortsetzt oder es sich auch neu aufbaut: Eigene Tätigkeitsfelder, eigene Interessen, eigene Kontakte, mit einem Wort: ein eigenes Standbein im „gesunden Bereich", jenseits
von Krankheit und Pflegetätigkeit.

Die Entwicklungsherausforderung durch die Erkrankung des
Partners besteht für den Gesunden vor allem darin, das eigene Leben, die eigene Autonomie nicht zu vergessen. Abgesehen davon,
dass der pflegende Partner das für sich und sein Leben braucht, um
selber auf die Dauer an Leib und Seele gesund zu bleiben, kommt
es auch dem Erkrankten zugute: Ein regenerierter und mit seinem
Leben zufriedener Helfer tut ihm besser, als einer, der erschöpft,
frustriert und möglicherweise deshalb sogar voller Ressentiments
seine Aufgabe ihm gegenüber erfüllt.

Das „Dritte" zum Thema machen

Im Rückblick auf dieses Kapitel möchte ich nun wieder ein paar
praktische Hinweise geben, wie mit dem Thema des „neuen Dritten" von Paaren dieser Altersgruppe umgegangen werden kann:

1. Wichtig scheint mir zu sein, in der Vorausschau auf die Zeit
   nach dem Eintritt in den Ruhestand oder auch nachdem diese neue Lebensphase bereits begonnen hat, sich die Frage zu
   stellen: Was fällt jetzt alles weg, was uns früher miteinander
   verbunden hat? Welche Folgen hat dies für unser Zusammenleben? Was haben wir bisher gar nicht im Blick gehabt? Oder
   auch: Mit welchen Ängsten schlage ich mich herum im Blick
   auf solche „Dritte", die es jetzt nicht mehr gibt in unserem
   gemeinsamen Leben? Es kann sehr hilfreich sein, sich der hier

fälligen Abschiede bewusst zu werden und sich auch Trauer darüber einzugestehen, bei diesem Gefühl zu verweilen und sich zu erlauben, dieses auch – und sei es durch Tränen (für den Mann vielleicht ungewohnt!) – zum Ausdruck zu bringen. Loslassen geht immer dann am besten, wenn wir uns das Trauern zugestanden und uns dafür Zeit genommen haben!

2. Das Loslassen des Vergangenen oder Vergehenden schafft Raum für die Frage: Was könnte uns nun neu miteinander verbinden? Welche gemeinsamen Interessen sind da? Was wollten wir eigentlich immer schon miteinander machen? Was ist in unserem gemeinsamen Leben auf der Strecke geblieben und könnte jetzt *wieder aufgegriffen*, wieder belebt werden? Was davon können wir uns leisten? Wofür lohnt es sich, unserem Gefühl nach, Geld zu investieren?

3. Was gibt es für *neue* Ideen? Was hat dich, was hat mich immer wieder mal angesprochen im Sinne von „Hier müsste man eigentlich..." – bei der Lektüre von Büchern, Prospekten von Initiativen, die ins Haus flatterten, oder mit denen wir durch Freunde und Freundinnen in Kontakt gekommen sind? Was ist uns beiden ein wirkliches Anliegen, für das man sich engagieren sollte?

4. Eine wichtige Erfahrung: Gemeinsam für etwas zu „brennen" entzündet auch die wechselseitige Liebe wieder! Darum tun wir – insbesondere durch Ehrenamt und soziales Engagement – auch für uns selbst und unsere Beziehung etwas Wichtiges!

3. Achtsamkeit im täglichen Umgang miteinander

Das lange Miteinander – und die Folgen

Paare, die heute ihre dritte Lebensphase miteinander verbringen, sind häufig schon seit dreißig oder gar vierzig Jahren zusammen. Das mag angesichts heutiger Scheidungsraten und häufigerer Wiederverheiratungen im reifen Alter überraschen, ist aber – so sagen es die Statistiken – tatsächlich so. Zweifellos kann dadurch neben dem Ausscheiden aus dem Beruf und außer dem Fehlen eines „neuen Dritten" in der Beziehung, die lange Zeit dieser Beziehung selbst zum Problem werden. Sie bringt es mit sich, dass etwas verloren geht, was für die Liebe von großer Bedeutung ist: Die wechselseitige Achtsamkeit füreinander.

Stellen wir in diesem Punkt einen Vergleich mit dem Anfang der Beziehung an, wird häufig sichtbar, dass sich ein krasser Wandel vollzogen hat. In der Verliebtheitsphase aktivierten die Partner in der Regel alle nur mögliche Aufmerksamkeit füreinander. Jeder spürte, was der andere brauchte. Nicht selten konnte einer dem anderen sogar die Wünsche von den Augen ablesen, was diesen tief berührte, weil er sich dadurch „in seinem Eigensten erkannt" fühlte, und vielleicht hatte er es in seinem bewussten bisherigen Leben noch nie so erfahren. Diese Wachheit aller Sinne füreinander droht verloren zu gehen, wenn Partner sich über die Verliebtheit hinaus entschließen, das Leben miteinander zu teilen und so den Alltag miteinander zu verbringen. Die Zeit des Zusammenlebens selbst strapaziert unsere Aufmerksamkeit füreinander, weil jeder für die Alltagsbewältigung, für die Kinder, für den Beruf so viele Energien mobilisieren muss, dass das Achten auf die Beziehung selbst häufig abnimmt. Die Partner spüren das – auf der bewussten Ebene – oft gar nicht, weil sie sich ja durch alles mögliche Andere so in Anspruch genommen fühlen, dass sie gar nicht merken, wie der emotionale Abstand zueinander wächst.

Jetzt – mit dem Ruhestand des einen oder beider – wird diese Distanz spürbar. Denn bei allem, womit sie sich jetzt noch immer oder erst neu beschäftigen: Sie verbringen, verglichen mit früher, einfach sehr viel mehr Zeit miteinander, oder – besser gesagt – nicht selten nebeneinander. Nun wird deutlich oder verstärkt sich sogar, dass sie sich als lebendiges Gegenüber oft mehr oder weniger, manchmal sogar fast ganz, aus den Augen verloren haben.

Wenn man langjährige Paare beobachtet, kommen einem bestimmte seltsame Bilder dafür, wie die beiden miteinander umgehen. Zum Beispiel macht der eine aus dem anderen so etwas wie ein *Möbelstück*: zwar vertraut wie ein solches, aber auch eines, über das man stolpert, das man beiseite schiebt, das man nur noch bemerkt, wenn es plötzlich nicht mehr da ist oder am falschen Platz steht. „Möbelstück-Vertrautheit" habe ich diese Einstellung schon manchmal genannt: Ich habe mich an den anderen gewöhnt, nehme ihn aber oder gerade deshalb nicht mehr wirklich wahr. Oder der Partner wird so etwas wie ein *Mülleimer*, in den der andere seinen Abfall kippt: seine üble Laune, wenn er schlecht geschlafen hat, oder seine depressiven Gefühle, wenn ihm irgendwelche Beschwerden zu schaffen machen. Oder der andere wird zur *Klagemauer*, an die man allerlei Ungemach, das man empfindet, hinjammert, oder gar zum *Punching-Ball*, an dem die Aggressionen, mit denen er vielleicht gar nichts zu tun hat, abreagiert werden. Auch, dass einer den anderen zum unbezahlten *Hausknecht* bzw. zur *Hausmagd* macht, von denen man selbstverständlich erwartet, dass er/sie die hinterlassene Unordnung aufräumt oder andere unangenehme Arbeiten erledigt, und zwar ohne dass man sich, jedenfalls nicht von Herzen kommend, sondern lediglich floskelhaft, bedankt, kann man immer wieder feststellen.

Den andern zum Möbelstück, Mülleimer, Punchingball, zur Klagemauer, zur Hausmagd oder zum Hausknecht machen: Das sind häufige Formen partnerschaftlicher Unachtsamkeit, wie sie sich im Laufe der Jahre eingespielt haben. Dieser Umgang ist zwar kränkend, aber es gehört meist auch dazu, dass man sich im Laufe der Zeit eine „dicke Haut" wachsen ließ, die einen Derartiges gar nicht mehr deutlich spüren lässt. Aber mit einer lebendigen Liebe, nach der man sich andererseits ja doch auch immer noch sehnt, hat dies nichts mehr zu tun, und einen Neuaufbruch in die neue Lebensphase macht es erst recht unmöglich.

Achtsamkeit in der Partnerschaft

Was bedeutet dem gegenüber „Achtsamkeit"? Achtsamkeit ganz allgemein könnte man beschreiben als die „Aufmerksamkeit auf das Gegenwärtige", auf das, was gerade hier und jetzt ist. In dem Wort steckt das Wort „Achtung", und damit ist diese Aufmerksamkeit als eine Haltung von Wertschätzung und Sorgfalt charakterisiert. Das Gegenteil von Achtsamkeit wäre dann: Ich bin mit meinen Gedanken, mit meiner Aufmerksamkeit nicht wirklich hier, sondern irgendwo, nicht im Hier und Jetzt, sondern im Dort und Dann, und darum gehe ich achtlos über das hinweg, was hier und jetzt ist, ich bemerke es womöglich gar nicht, erfasse es auf jeden Fall nicht in seiner Eigen-Art, handle ohne Rücksicht darauf, ohne Einfühlung...

Achtsamkeit im Umgang mit dem Partner würde im Gegensatz dazu bedeuten: das achtungsvolle Aufmerken auf den anderen und auf das, was gerade bei ihm aktuell ist, auf sein Befinden, seine Gefühle, seine Handlungen, sein Verhalten, und aus diesem Achten heraus dann ein sorgfältiger Umgang damit.

Was heißt das konkret? Es betrifft nicht so sehr die „großen Dinge", nicht so sehr die spektakulären Ereignisse, wenn einer krank wird oder ihm sonst ein Unheil widerfährt: Solche Ereignisse mobilisieren gerade wieder die Aufmerksamkeit für den andern. Die

Achtsamkeit, von der hier die Rede ist, geht sehr viel leichter verloren, denn sie gilt vor allem den Dingen des gewöhnlichen Alltags. Darum gilt es, die ganz bewusst zu üben. Ich möchte dafür im Folgenden einige konkrete Hinweise geben.

1. Achtsamkeit in der Partnerschaft heißt: Auch auf die äußeren Formen des Umgangs miteinander achten.

Immer wieder ist zu beobachten, dass die normalen *Höflichkeitsformen*, die man jedem Fremden angedeihen lässt, in der Partnerschaft vernachlässigt werden, vor allem unter Paaren, die schon lange zusammen sind. Der Gruß am Morgen, das „Gute Nacht!" vor dem Einschlafen, die Begrüßung, wenn der Partner nach Hause kommt, die Manieren bei Tisch oder die Geste, dem anderen den Vortritt zu lassen – und vieles mehr: Das alles kann im Alltag der Lebenspartnerschaft sehr leicht verkommen. Natürlich soll hier nicht einer distanzierten Steifheit und dem Austausch bloßer Höflichkeitsfloskeln das Wort geredet werden. Die passen in der Tat nicht in das vertraute Klima eines langjährig zusammenlebenden Paares. Dennoch ist es wichtig, auch auf solche äußeren Formen zu achten: Ich drücke darin aus, dass der andere nach wie vor für mich ein eigenständiges Gegenüber ist, ein Individuum, das ich nicht einfach „kolonialisiere", es nicht „mir einverleibe", sondern eine Persönlichkeit, der ich mit Achtung begegne. Achtung füreinander ist zwar noch nicht Liebe, aber Liebe braucht als Grundhaltung die Achtung vor dem andern, sonst beginne ich ihn zu *verachten*, und Verachtung ist mit Liebe nicht zu vereinbaren.

Ähnliches gilt auch von den Formen des vertrauteren, *intimeren Umgangs* der Partner miteinander: vom Küssen, sich Berühren, einander Halten und Umarmen. Auch hier sind im Laufe der Jahre die Ausdrucksformen entweder überhaupt verloren gegangen oder sie sind zu flüchtigen Äußerlichkeiten verkommen: Beim Küssen berühren sich die Lippen kaum noch, beim Umarmen spürt man den Körper des andern so gut wie gar nicht mehr, die Blicke der Partner treffen sich nicht, geschweige denn, dass sie sich wirklich in die Augen schauen würden. „Altgediente" Paare suchen oft nicht mehr die zarte Berührung zwischendurch, fassen sich nicht mehr bei den Händen und dergleichen mehr. Wenn die Sexualität zwischen beiden eingeschlafen ist, hat das hier einen wichtigen Grund: Vor allem Frauen verlieren die Lust auf Sex, wenn diese Ausdrucksformen der Zärtlichkeit nicht mehr existieren, und Männer, die dann trotzdem noch – ab und zu – mit der Tür ins Haus fallen wollen, weil sie das Bedürfnis nach Sexualität spüren, werden dann abgewiesen und ziehen sich ebenfalls zurück. Achtsamkeit in der Beziehung besteht also wesentlich auch darin, die zärtlich-körperlichen Ausdrucksformen der Liebe, das Küssen, Umarmen, die Blicke und Berührungen nicht versiegen zu lassen und wieder zu beleben.

Besonders wichtig ist es dabei, sich immer wieder in die Augen zu schauen und einen Moment lang dabei zu verweilen. Gerade dieser Augenkontakt miteinander geht bei langjährigen Paaren leicht verloren. Sollte er in einer Beziehung bereits ganz „aus der Mode gekommen" sein, empfiehlt es sich, dazu eine bewusste Übung zu machen. Die Partner setzen sich gegenüber und schauen sich für zwei oder drei Minuten nur in die Augen – nichts anderes. Man spricht nicht, man schaut nicht weg, man bleibt einfach dabei, einander anzuschauen. Die Gefühle, die dabei hoch kommen, können sehr viel über den derzeitigen Zustand der Beziehung sagen. Je peinlicher es ist, desto weiter sind wir bereits auseinander oder desto mehr unerledigte Themen gibt es zwischen uns. Es kann aber auch sein, dass für beide sehr angenehm spürbar wird: Jetzt begegnen wir uns wieder! Über den Augenkontakt berühren sich unsere Seelen. Wenn wir den vermeiden, kann es sein, dass damit eine wesentliche Brücke der Herzen zueinander verloren geht.

Der Einwand, den ich hier höre, lautet: „Ich bin halt oft nicht gestimmt dazu – zum Küssen, Berühren, Anschauen usw. – darum tue ich es eben nicht." Das Problem ist freilich: Ans Weglassen gewöhnen wir uns ganz schnell, und dann entsteht Distanz, und je größer die Distanz wird, desto schwerer wird es, wieder Nähe herzustellen. Die genannten Formen der Zärtlichkeit verbinden sich dann mit dem Gefühl der Peinlichkeit, und dieses Gefühl verhindert zusätzlich den zärtlichen Kontakt. Darum ist es wichtig, solche Zärtlichkeitsformen nicht nur der Spontaneität zu überlassen, sondern sie bewusst zu pflegen, auch wenn uns mal gerade spontan nicht danach ist. Oft stellen sich gerade dadurch, dass wir es tun, die zärtlichen Gefühle wieder ein – so wie der Appetit manchmal ja auch erst beim Essen wieder kommt!

Zur Achtsamkeit in den Umgangsformen und den Ausdrucksformen der Zärtlichkeit gehört auch die Pflege der *Körper-Hygiene*, sowie das Achten auf die eigene Schamgrenze und die des anderen. Auch hier besteht in längerfristigen Beziehungen die Gefahr, dass Partner im Alltag nachlässig werden. Der Körpergeruch hat für Nähe, Zärtlichkeit und Sexualität eine viel größere Bedeutung als viele wahrhaben wollen. Ich muss den anderen „riechen können", wenn es hier auf die Dauer klappen soll. Dabei ist die Vorliebe für Gerüche etwas sehr Individuelles. Napoleon soll vor der Ankunft bei seiner Geliebten per Depesche die Botschaft vorausgeschickt haben: „Ich komme in drei Tagen. Wasche dich nicht!" Das wird nicht jedermanns und jeder Frau Sache sein. Dem einen ist es Bedürfnis und auch Wunsch an den anderen zu duschen, bevor man miteinander intim wird, andere wieder bevorzugen das unverfälschte Körperaroma des anderen.

Die Achtsamkeit auf den anderen verlangt, dass Partner sich hier ihre Bedürfnisse mitteilen, sich aufeinander abstimmen und so zu einem gemeinsamen Umgang damit kommen, mit dem sich jeder im Alltag wohlfühlt. Da es sich bei Gerüchen und beim Thema Reinlichkeit überhaupt um ein Tabuthema handelt, wird hier oft still ertragen – unter Umständen seit Jahrzehnten. Dieses Schweigen aber schafft zum „Nicht-riechen-Können" noch zusätzliche Distanz, weil ein zentral wichtiges Thema der körperlichen Nähe damit ausgeklammert wird. Ich möchte ermutigen, dieses Tabu zu überwinden: Den anderen zu bitten, sich öfter zu waschen, damit mir das Zusammensein mit ihm „nicht stinkt", kann ein wichtiger Schritt wieder zueinander sein.

Ähnlich ist es auch mit den Schamgrenzen, den eigenen und denen des Partners. Manche mögen es, nackt nebeneinander bei der

Morgentoilette im Bad zu stehen, anderen ist es eher peinlich. Auch hier sollte es keine Normen geben, aber die eigenen Bedürfnisse sollen ernst genommen werden. Wenn der eine im Bad auf dem Klo sitzt und nicht mag, dass in dieser Zeit der andere das Bad betritt, soll das nicht als Überempfindlichkeit gedeutet, sondern einfach respektiert werden. Das Schamgefühl sorgt für einen „Eigenbereich" und eine gesunde Distanz zum anderen. Vertrautheit kann auch distanzlos werden, dann mindert sie die gegenseitige Attraktivität!

Andererseits sollten Paare es aber auch zum Thema machen, wenn einem das Schamgefühl des anderen möglicherweise übertrieben erscheint, weil er sich seiner natürlichen „Alterserscheinungen" schämt, der Runzeln, der erschlaffenden Formen, der größeren Fülle seines Bauches usw. Wir stehen alle unter dem Diktat einer Jugendkultur, die uns ästhetische Normen setzt, und denen der Körper auch der fitten Jungen Alten nicht mehr ganz entspricht. Diesem Diktat sollten wir uns nicht unterwerfen, und älter werdende Paare sollten sich dazu wechselweise ermutigen und gegen diese Tendenz angehen. Hier kann außerdem helfen, wenn sich die Partner dessen auch immer wieder gegenseitig versichern, wo sie den alternden Körper des anderen wirklich mögen, zum Beispiel die Weichheit der Haut, die Kuscheligkeit der Wölbungen, die Falten im Gesicht, die vom Partner zum Beispiel gar nicht als Minderung, sondern viel eher als Ausdruck prägnanter Persönlichkeit erlebt werden usw. Wenn Paare mit den körperlichen Alterserscheinungen in dieser Weise achtsam umgehen und, wo immer möglich, dem andern hier auch dazu etwas Positives sagen, können sie sehr viel für ihr Selbstwertgefühl und ihr Wohlgefühl als Paar tun.

Die Formen der Achtsamkeit, die wir gerade im Zusammenhang mit den besprochenen „Äußerlichkeiten" bisher genannt haben, bedürfen, da wo sie verlorengegangen oder noch nie praktiziert worden sind, durchaus der Übung. Insofern darf man sich dabei nicht auf die „Spontaneität" und auf die jeweilige Stimmung verlassen. Andererseits ist aber auch zu beachten: Wenn sich tatsächlich alles sträubt in mir, dem anderen zum Beispiel höflich zu begegnen, ihn zart zu berühren, ihm zuliebe diese oder jene Form der Körperpflege vorzunehmen, wenn einer der Partner oder beide also das unüberwindbare Gefühl haben „Es stimmt für mich wirklich nicht!", „Es sträubt sich alles in mir dagegen!" – dann ist das allerdings ein Zeichen, dass sich etwas Größeres zwischen sie geschoben hat, etwas das sich nicht einfach durch das Tun des bisher Empfohlenen überwinden lässt. Und das heißt: Es steht eine grundsätzlichere Auseinandersetzung über die Beziehung an, die möglichst bald angegangen werden sollte.

2. Achtsamkeit in der Partnerschaft besteht im Unterscheidungsvermögen zwischen „Hier und Jetzt" und „Dort und Dann".

Wenn der eine Partner für den andern zum Müllkübel, zur Klagemauer oder zum Punchingball wird, dann gelingt diese Unterscheidung nicht. Denn ich hänge dem anderen auf diese Weise etwas an, was nichts mit ihm und seinem Hier und Jetzt zu tun hat. Ich gebe eine mürrische Antwort, weil mir der „junge Schnösel" vorher im Laden so unverschämt gekommen ist. Ich ziehe mich wort- und kommentarlos zurück, weil mich gerade ein medizinischer Artikel in der Wochenendausgabe der Zeitung geängstigt hat. Ich reagiere nicht auf den andern und mute ihm „geistige Abwesenheit" zu, weil ich mich gerade innerlich mit Sorgen um meine erwachsene Tochter herumplage. Oder ich fahre ihn am Morgen zornig an, weil ich in der Nacht sehr schlecht geschlafen habe. Hier wird das „Hier und Jetzt" mit dem „Dort und Dann" vermischt. Achtsamkeit dagegen heißt: Unterscheiden lernen, was hierher gehört und was woanders hin gehört.

Um das zu lernen, brauchen wir natürlich auch Achtsamkeit mit uns selbst: Dass wir überhaupt merken, was uns jetzt innerlich beschäftigt und umtreibt. Ich muss mir bewusst machen: Was sind das für Gefühle, die sich gerade zur Geltung bringen und wo gehören die hin? Gehören sie wirklich zu meinem Partner oder zum „jungen Schnösel", zum bedrohlichen Unterton des gelesenen

Artikels, zur Lebenssituation meiner Tochter oder, oder...? Wenn ich mir darüber klar geworden bin, geht es darum, dass ich jetzt entweder diese Gefühle aus dem Kontakt mit dem Partner heraushalte, dass ich ihn also schlicht damit verschone. Oder wenn ich merke, das geht nicht, weil es mich zu sehr beschäftigt, zu sehr im Vordergrund steht, dann muss ich dies aussprechen und dem Partner etwa sagen: „Du, das und das beschäftigt mich gerade so sehr, ich muss dir das jetzt erzählen – oder ich muss mich deshalb jetzt eine Weile zurückziehen, es hat nichts mit dir zu tun!" Eine solche Art, die eigenen Gefühle zu handhaben, wird seit einiger Zeit zutreffend „Emotionale Intelligenz" (Goleman 1997) genannt. „Intelligent" mit meinen Gefühlen umgehen heißt genau das: dass ich mir bewusst werde, welche Gefühle bei mir virulent sind, dass ich mir zweitens darüber klar werde, wer oder was tatsächlich ihr Auslöser war oder ist; und drittens, dass ich schließlich in der Lage bin zu entscheiden, was ich jetzt damit mache, ob ich sie zum Beispiel – vorübergehend – zurückstelle oder ob ich sie dem Partner gegenüber thematisieren will.

Diese Art von „Selbst-Management" steht keineswegs im Widerspruch zu echter Spontaneität. Spontaneität immer und überall ist ja keineswegs ein Ziel. Den anderen immer und überall mit dem zu überschütten, was gerade in mir vorgeht, kann vielmehr sehr unachtsam sein und im Widerspruch zu einer liebevollen Haltung stehen.

3. Achtsamkeit in der Partnerschaft heißt: Empathie für den anderen entwickeln.

Empathie ist die Fähigkeit, mich in die Lage des anderen einzufühlen, mich in ihn hineinzuversetzen. Empathie ist damit etwas anderes als bloßes „Mitgefühl". Ein kleines Kind muss weinen, wenn es erlebt, dass seine Mutter weint. Es wird vom Gefühl der Mutter „angesteckt", ohne ihre Lage zu verstehen und nachvollziehen zu können. Empathie dagegen ist die Fähigkeit, mich „in die Schuhe des anderen hineinzustellen" und die Dinge aus seiner

Perspektive zu betrachten und nachzuempfinden. Wenn ich empathisch bin, bin ich also einerseits ganz bei mir *und* andererseits ganz beim andern. Frauen stehen in der Gefahr, zu sehr auf die Seite des andern zu gehen und sich dabei zu verlieren, vor allem wenn sie als Hausfrauen und Mütter die Jahre über geübt haben, für andere da zu sein. Männer dagegen stehen in der anderen Gefahr: Dass sie in sich gefangen bleiben, nicht selten auch in Selbstmitleid versinken, und nicht mitbekommen, was beim Partner los ist. Das kann zum Beispiel gerade in dieser Altersphase heißen, dass der Mann vom Verlust an Bedeutung, den der Ruhestand mit sich bringt, so „gefangen" ist, dass er gar nicht bemerkt, wie und in welcher Form sich dadurch auch die Situation der Frau verändert hat, und was dies für sie bedeutet.

Den Partner empathisch für mich zu erleben, heißt, dass ich merke: Er hat Interesse an mir, er kann nachvollziehen, was mich gerade beschäftigt, er lässt sich auch davon betreffen, wenn es mir nicht gut geht, er ist also offen für mich und mein Befinden und geht wohlwollend damit um. Es geht also hier um die Erfahrung „positiver Resonanz". „Positive Resonanz" auf mich, dass heißt: Ich mache die Erfahrung, dass der andere mich in meinem Eigenen sieht und dass er positiv darauf reagiert. Wir brauchen nichts so sehr für unser psychisches und physisches Wohlbefinden als diese immer wieder erlebte Erfahrung. Für das Kind ist die positive Resonanz der Eltern entscheidend, um ein eigenes Selbstwertgefühl und ein positives Welt-Erleben zu entwickeln. Aber auch Erwachsene brauchen diese Erfahrung – andere reagieren auf meine Person positiv – immer wieder, um gesund zu bleiben. Und besonders brauchen wir solch positive Resonanz voneinander jetzt in der beginnenden Altersphase. Die Empathie des Partners lässt uns spüren, dass wir für ihn wichtig sind, dass wir ihm viel bedeuten. Männer haben während ihres Berufslebens oft eine Firmenkultur erlebt, in der für solche Empathie untereinander kein Platz war, darum haben sie diese auch nicht gelernt und trainiert. Das bringt nicht selten mit sich, dass sie jetzt – im Ruhestand – ein übersteigertes Bedürfnis danach haben und dessen Erfüllung bei der Frau suchen, während sie selber wenig imstande sind, ihrerseits Ähnliches zu geben. Die jetzige Lebensphase könnte hier zu einem wichtigen Lernfeld werden. Wenn jetzt weniger Druck da ist, wenn es mehr Zeit gibt, könnte die dazu genutzt werden, dieses „Sich in den andern Hineinversetzen" in den Blick zu bekommen und zu üben. Ohne solche wechselseitige Empathie zwischen Partnern verkommt die neue räumliche Nähe des Zusammenlebens in dieser Phase leicht zur oben erwähnten „Möbelstückvertrautheit".

Zur Empathie gehört auch, dass ich herausfinde: Welche Zeichen der Liebe sind dem anderen eigentlich besonders wichtig? Zeit fürs Gespräch, Zärtlichkeit, Unterstützung in praktischen Dingen, Lob, Annerkennung oder, oder...? Von G. Chapman (2004) stammt die Metapher von den unterschiedlichen „Sprachen der Liebe". Jeder Mensch hat seine „Muttersprache" der Liebe, und wenn er vom andern in dieser angesprochen wird, geht ihm das Herz auf, weil er spürt: Der andere meint *mich!*. Chapman unterscheidet fünf solcher „Sprachen der Liebe":

- Lob und Anerkennung
- Unterstützung
- Zeit für mich
- Geschenke
- körperliche Zärtlichkeit bzw. Sexualität.

Die „Sprachen der Liebe" sind also unterschiedlich, und das bedeutet: Der eine Partner fühlt sich zum Beispiel vor allem dann von mir geliebt, wenn ich Zeit für ihn habe. Ein anderer erlebt es als einen besonderen Liebeserweis, wenn er Lob und Anerkennung vom Partner erfährt, und ein dritter wieder, wenn der Partner ihn konkret unterstützt usw.

Es spielt in unserem Zusammenhang keine entscheidende Rolle, ob es nun genau diese fünf „Sprachen der Liebe" sind oder ob man auch noch mehr oder andere unterscheiden könnte. Das Wichtige an Chapmans Ansatz scheint mir der Hinweis zu sein, dass meine und deine „Sprache der Liebe" unterschiedlich sein können und wahrscheinlich unterschiedlich sind. Zur Achtsamkeit in der Partnerschaft gehört demnach auch, dass ich die „Sprache der Liebe" *des anderen* erlerne, und das heißt, dass ich darauf achten lerne, dem Partner immer wieder das zu geben oder das zum Ausdruck zu bringen, was seiner „Liebessprache" entspricht. Wenn ich meinen Partner gern spontan in praktischen Dingen unterstütze, kann es sein, dass ich damit gar nicht seine Liebessprache „spreche", weil er nämlich viel lieber Zeit fürs Gespräch mit mir verbringen würde und sich durch meine praktische Unterstützung vielleicht sogar behindert fühlt. Wir neigen eher dazu zu fragen: Was gebe ich gerne? – anstatt uns die Frage zu stellen: Was wünscht sich der andere vor allem? Das zu erforschen und darauf einzugehen, das würde heißen „die Sprache der Liebe des andern zu lernen". Wenn ich dies tue, wenn ich „in dieser Sprache zu ihm rede", dann werde ich die Erfahrung machen, dass ich sein Herz erreiche, weil er dies als eine besondere Achtsamkeit auf seine Eigenart und seine Bedürfnisse erlebt.

Auch hier ist es wieder so, dass es um ein Lernen oder (im Blick auf die frühere Zeit der Verliebtheit) Wieder-Erlernen und um Üben geht, und nicht nur um Spontaneität. Denn spontan wähle ich dem Partner gegenüber wahrscheinlich die „Sprache der Liebe", die ich selber „am besten spreche": Weil ich gerne „lehre", belehre ich zum Beispiel bei allen Gelegenheiten meinen Partner, obwohl dieser sich dadurch nur bevormundet fühlt. Ich bleibe somit bei mir und richte mich nicht wirklich auf den Partner aus. Die Grundbewegung der Liebe aber besteht dagegen darin, dass ich aus mir heraus auf den andern zugehe.

Außerdem könnte hier so mancher meinen: Sind nicht Frauen und Männer zu verschieden, als dass einer wirklich den anderen verstehen und die „Sprache des anderen" erlernen könnte? Die Berufung auf die geschlechtsbedingte Unterschiedlichkeit ist zweifellos in diesem Zusammenhang eine Ausrede. Denn das unterscheidet gerade die Menschen von den Tieren: das Eigene auch relativieren und sich in den anderen „hineinversetzen" zu können. Auch wenn der andere sehr anders ist als ich, ich kann lernen, seine Haltungen und Handlungsweisen nachzuvollziehen, mit ihm mitzuschwingen und auf ihn und seine Wünsche einzugehen. Das gelingt allerdings tatsächlich nicht „spontan", jedenfalls nicht sofort. Es verlangt zweifellos einen bewussten Weg, manchmal auch mit Anstrengung verbunden. Es bedeutet ja, die Grenzen des eigenen Ichs zu übersteigen und mich in Richtung des anderen „als einem anderen" in Bewegung zu setzen. Diese Bewegung über sich selbst hinaus ist es aber gerade, was wir Liebe nennen.

4. Achtsamkeit in der Partnerschaft heißt schließlich: Das Positive betonen und darauf achten, dass Negativität nicht überhand nimmt.

Durch Alltag und Gewöhnung – und wenn wir nicht bewusst gegensteuern – nimmt Negativität in der Paarbeziehung überhand. Schneller als wir es für möglich halten, spielen sich die bereits erwähnten „Negativ-Kreisläufe" ein. Zum Beispiel beginnen wir, nicht nur eine bestimmte Handlungsweise des andern zu kritisieren, sondern ihn als Person: „Du *bist immer* unpünktlich!" (statt: „Mich ärgert, dass du *jetzt* unpünktlich kommst!"). Kritik an der Person des anderen löst bei diesem dann häufig eine Verteidigungshaltung aus: „Stimmt doch gar nicht, mach' ich doch überhaupt nicht immer!" Dadurch empfindet der Kritiker sein Anliegen zurückgewiesen und verstärkt es, indem er die Person des andern nun nicht nur kritisiert, sondern zusätzlich abwertet: „Doch, auf dich kann man sich nie verlassen!" Damit ist nun eine Anfangs-Interaktion gegeben, die sich deshalb leicht in einen sich selbst verstärkenden Negativ-Kreislauf steigert, weil jeder versucht, den anderen zu übertrumpfen und ihn mit noch härteren Waffen zu „schlagen". Ein Ende wird dann oft nur dadurch gefunden, dass schließlich einer von beiden das Gespräch abbricht: „So rede ich nicht mehr mit dir", oder er verstummt überhaupt, kehrt dem andern den Rücken zu und lässt ihn wortlos stehen. Aber natürlich ist dies kein gutes Ende, es lässt mindestens einen von beiden ins Leere laufen, und seine schlechten Gefühle werden die Grundlage sein, dass die nächste und übernächste Interaktion ähnlich problematisch oder noch problematischer verläuft. Kritik an der Person des anderen, Verteidigungshaltung, Abwertung bzw. Verächtlich-Machen des anderen und schließlich Kontakt-Abbruch: So bauen sich viele solcher Negativ-Kreisläufe auf. Und das Fatale ist: jede dieser Verhaltensweisen provoziert beim andern die nächste und diese meist eine Spur schärfer als die vorherige, sodass es immer schwieriger wird, einen Ausweg ins Positive zu finden. Darum hat John Gottman diese Kommunikationsmuster die „vier apokalyptischen Reiter" genannt (Gottman/Silver 2000), weil sie, wenn es nicht gelingt, sie zu stoppen, das Ende der Beziehung einleiten. Das heißt: Sie untergraben die Liebesgrundlage einer Beziehung.

Wenn für Paare beim Übergang in die neue Lebensphase, von der wir sprechen, der „Alltagslärm", der sie früher umgab, nachlässt und es allmählich stiller wird um sie, erleben sie nicht selten gerade dies: Dass die Unachtsamkeit hinsichtlich dieser Negativspiralen ihre Beziehungsfundamente bereits so weit unterspült hat, dass akute Einsturzgefahr für das ganze „Beziehungs-Gebäude" besteht. Darum ist dies ebenfalls ein zentral wichtiger Teil der Achtsamkeit in der Beziehung: Dafür zu sorgen, dass diese Negativ-Muster unterbunden und mehr und mehr überhaupt vermieden werden.

Dies heißt einerseits darauf zu achten, die „apokalyptischen Reiter" so weit wie möglich zu vermeiden: Wenn Kritik nötig ist, dann nicht an der Person des anderen, sondern an seinem Handeln hier und jetzt. Oder: Möglichst nie in Verteidigungshaltung gehen und nicht „zurückschlagen". Weiter: Sich aller Beschimpfungen und Abwertungen des anderen in Worten, Gesten und Mimik enthalten. Und schließlich: Wenn es nur irgend wie möglich ist und nicht auf gegenseitiger Vereinbarung beruht, keine Interaktion abrupt und einseitig abbrechen... Dabei ist jedem klar: Ganz werden wir das vermutlich nicht schaffen, wenn wir so eng aufeinander leben, denn dann werden wir uns auch manchmal so auf die Nerven gehen, dass uns der eine oder andere „apokalyptische Reiter" doch wieder einholt. Und sobald dies passiert, wird auch der bekannte Sog wieder einsetzen, der zum „Ritt ins Verderben" werden kann. Und darum ist das zweite, worauf hier Gottman immer wieder hinweist, von zentraler Bedeutung, nämlich: Nicht nur versuchen zu vermeiden, sondern eine bewusste positive „Gegenstrategie" zu fahren.

Positive Gegenstrategie heißt: Bewusst immer wieder Positives in die Beziehung hineinbringen (s. dazu auch Kap. 7 dieses Buches): Ausdrückliche Anerkennung des Tuns und der Person des anderen, kleine Aufmerksamkeiten und liebevolle Berührung des anderen, Pflege regelmäßiger „Beziehungsrituale", die beiden gut tun und dergleichen mehr. In diesem Sinn heißt „Achtsamkeit in der Beziehung": Ich achte darauf, in Worten und Gesten dem anderen immer wieder Positives zukommen zu lassen.

Auch hier meldet sich wahrscheinlich wieder der Einwand: Aber wenn mir gerade gar nicht danach ist? Wenn mir halt viel eher nach Kritisieren, Schimpfen, Auskotzen zumute ist? Dann ist das ja weder spontan noch echt! – Hier sind wir wieder bei der erwähnten „Spontaneitäts-Ideologie", die in den Paarbeziehungen vor allem der Achtundsechziger-Generation schon viel Unheil angerichtet hat. Wenn uns spontan ein Lob oder Kompliment kommt – natürlich ist das schön und wunderbar! Wenn uns aber nicht danach ist, sondern eher nach dem Gegenteil? „Schlechte Gefühle", sagt meine Kollegin Rosmarie Welter-Enderlin dazu „sind kein Grund für schlechtes Benehmen!" Das gilt auch und vor allem in den nahen und langjährigen Beziehungen von Partnerschaft und Familie. Denn hier nehmen wir uns oft heraus, was wir in bloß flüchtigen Bekanntschaften peinlich vermeiden würden. Gerade also in der Lebensphase, in der wir wieder so eng zusammenleben wie ganz am Anfang der Beziehung, jedoch nicht mehr den Schwung der ersten Verliebtheit haben – ist Selbstdisziplin erforderlich: Selbstdisziplin und auch Einüben. Es geht darum, die Aufmerksamkeit immer wieder vom Negativen weg auch auf das Positive des andern zu lenken und zu üben, ihm dieses in Gesten und Worten zum Ausdruck zu bringen. Zu meinen, das müsste von selber gehen, weil es sonst nicht echt oder stimmig wäre, ist eine Ideologie und der erste gefährliche Schritt in die Negativität.

Das Positive in der Beziehung betonen – darauf möchte ich hier noch ausdrücklich hinweisen – heißt allerdings nicht: Das Problematische, das es in unserer Beziehung auch noch gibt, unter den Teppich zu kehren. Das nicht Gelöste, das Unerledigte in unserem gemeinsamen Leben muss angegangen werden, sonst wird es aus dem Untergrund unsere Beziehung ebenfalls vergiften. Wir werden dieses Thema noch ausführlich in Kap. 6 behandeln. Hier sei nur so viel gesagt: Gerade wenn es in unserer Beziehung noch einiges aufzuräumen und wegzuräumen gibt, damit wir gut miteinander alt werden können, ist es nötig, dass wir auch das vorhandene Positive betonen, damit dieses ein Gegengewicht darstellt, und wir keine zu einseitig negative Sicht für das Ganze unserer Beziehung bekommen.

Achtsamkeits-Bilanz

Viele Paare neigen dazu, der hier empfohlenen Achtsamkeit zu geringe Bedeutung im Hinblick auf den Erhalt und die Lebendigkeit der Liebe beizumessen. Wir stehen heute durch den in den Medien verbreiteten Zeitgeist in der Gefahr, die spontanen „großen Gefühle" in der Liebe bei weitem zu überschätzen, und andererseits zu unterschätzen, welche Bedeutung diese tägliche Übung, dem anderen bewusst achtungsvoll und aufmerksam gegenüberzutreten, für die Beziehung hat. Die Liebe zwischen Mann und Frau braucht diese bewusste Achtsamkeit in den kleinen Dingen des Alltags. Sie ist die Brücke, über die wir die Liebe aus der Zeit der Verliebtheit in den Alltag auch des alternden Paares hinüberbringen können. Sie ist zudem auch noch der tägliche Reiseproviant auf unserer Wanderung durch die Jahre, der die Liebe kräftig und gesund erhält und sie ist manchmal auch noch der Wasservorrat, der uns über die Durststrecken dieser Wanderung durchhalten lässt – bis wir dann unbeschadet wieder eine der Oasen erreicht haben, in denen die Liebe und das gemeinsame Wohlsein auch „von selber" wieder sprudelt.

Für alternde Paare in der „dritten Lebensphase" scheint es mir darum eine wichtige Aufgabe zu sein, sich zusammenzusetzen und den Gegenstand dieses Kapitels bewusst zum Thema eines Gesprächs oder mehrerer Gespräche zu machen. Folgende Schritte seien dafür empfohlen:

1. Als erstes können Sie sich einige Fragen stellen:
   - Wie steht es mit unserer Achtsamkeit füreinander? Wie erlebe ich dich, wie erlebst du mich in dieser Hinsicht?
   - Was stört mich, was stört dich im täglichen Zusammenleben schon längere Zeit und nagt damit an unserer Liebe?

2. Wenn Sie als Antwort darauf einiges gefunden haben, sollten Sie den Versuch vermeiden, sofort alles zu verändern. Besser ist es, sich nur Weniges vorzunehmen, vielleicht auch nur je eine bestimmte Verhaltensweise, die jeder der beiden ändern will.

3. Als nächstes ist es wichtig, im Alltag diesen einen Punkt tatsächlich zu verändern. Das hat eine Bedeutung, die größer ist, als wir es zunächst einzuschätzen geneigt sind: Auch wenn es nur eine winzige Kleinigkeit ist, es nährt die Liebe des andern, weil er spürt: Ich bin dem andern wichtig, denn „spontan" würde er das nicht tun, er tut es, weil ich ihm wichtig bin.

Die Achtsamkeit in den kleinen Dingen der Paarbeziehung zu üben, wird über die Verlebendigung der Beziehung hinaus übrigens auch noch eines bewirken: Sie wird uns helfen, insgesamt ein bewussteres und damit wacheres Leben auch für uns selbst zu führen. Darum allein schon lohnt es sich, sie zu üben.

4. Späte Liebe

Junge Alte – Neue Liebe

Vom Alltag der Liebe in langjährigen Beziehungen wenden wir uns nun der Liebe zu, die neu und oft sehr überraschend den Alltag der Menschen dieses Alters zu bestimmen beginnt. „Späte Liebe" kann ja zweierlei bedeuten: Entweder dass es Partnern, die schon jahrzehntelang zusammen sind und deren Liebesglut unter den Ascheschichten des Alltags zu verklimmen drohte, im Herbst ihres Lebens gelingt, diese Liebe wieder neu zu beleben: Über Wege dazu handelten die ersten drei Kapitel und werden auch die folgenden noch handeln. „Späte Liebe" kann aber auch heißen, dass Männern und Frauen, denen der Partner gestorben ist oder die ihre Beziehung beendet haben, weil die Liebe sich endgültig daraus verabschiedet hat, das Geschenk zuteil wird, im Herbst ihres Lebens eine neue Liebe, vielleicht sogar *die* Liebe für die letzten Jahrzehnte ihres Lebens zu finden. Davon speziell handelt nun dieses Kapitel.

Was in früheren Jahrzehnten viel seltener geschah, scheint in der Generation der heutigen Jungen Alten immer häufiger möglich zu werden: Dass Männer und Frauen dieses Alters nochmals eine neue Beziehung und Lebensgemeinschaft eingehen (Schenk 2005, S. 97ff). Statistisch zeigt sich, dass es hier ein Ungleichgewicht gibt. Frauen jenseits der Sechzig bleiben häufiger allein als ihre männlichen Altersgenossen. Das hat verschiedene Gründe: Alleinstehende Frauen in diesem Alter sind häufig „die Verlassenen", die Trennung ging von ihren Männern aus. Sie leiden mehr darunter und sie bleiben stärker an ihre Ex-Männer gebunden als diese an sie. Ähnliches gilt auch von der Witwenschaft. In der Regel bleiben Frauen ihren verstorbenen Männern länger und stärker verbunden als Männer ihren verstorbenen Frauen, und dies verhindert eine neue Partnerschaft. Außerdem gehen Männer dieses Alters nicht selten Partnerschaften mit sehr viel jüngeren Frauen ein. Das Umgekehrte – junger Mann und alternde Frau – hat zwar in dem Film „Herold and Maude" das Kinopublikum bezaubert, und in unserer gesellschaftlichen Realität findet sich diese Konstellation auch etwas häufiger als früher, aber im Vergleich zur anderen Variante ist sie noch immer extrem selten.

Trotz all dieser Unterschiede ist allerdings der Trend derzeit auch bei den Frauen eindeutig: Sie wagen es häufiger als ihre Altersgenossinnen in früheren Zeiten, neue Beziehungen einzugehen, und sie haben auch mehr Möglichkeiten als diese. Sie sind selbstbewusster geworden, sie haben sich ihre Attraktivität länger erhalten, und die gesellschaftliche Akzeptanz später Liebe ist im Vergleich zu früher bedeutend größer geworden.

Gefühle kennen kein Alter

Die späte Liebe kann für Frauen und Männer ein großes Glück sein. Viele, die sich mit einer Beziehung jahrzehntelang redlich abgemüht haben, weil sie ihr einmal gegebenes Versprechen nicht brechen, ihre Partner und Kinder nicht allein lassen und die Familie nicht zerstören wollten, machen hier zum ersten Mal die Erfahrung: So ist es, wenn man wirklich liebt! Trotz allen Bemühens hat immer etwas gefehlt in der alten Beziehung. Keiner war „Schuld" daran, es stellte sich einfach nicht ein. Nun – in der neuen Beziehung – ist es einfach da! Gar nicht so selten wird diese Erfahrung interessanterweise bei der Wiederbegegnung mit der „ersten großen Liebe" gemacht, die man aus den Augen verloren hat. Seine Frau ist gestorben, ihr Mann hat sich von ihr getrennt, mit dreiundsechzig und sechzig nehmen sie wieder Kontakt zueinander auf – und siehe da es „funkt" wie beim ersten Mal! Solche Erfahrungen, die natürlich nicht an die Wiederbegegnung mit der „ersten Liebe" gebunden sind, sondern sich auch in neuen Beziehungen vollziehen können, sind ein großes Geschenk. In früheren Jahrzehnten ging die Gesellschaft allerdings sehr hart mit diesen Erfahrungen und den Menschen, die sie gemacht hatten, um. Es war verpönt, im Alter noch Liebesgefühle zu haben, geschweige denn, sie zu äußern und Handlungskonsequenzen daraus zu ziehen. Verliebte „Alte" waren Witzfiguren oder „unmögliche" Exemplare ihrer Spezies. Es ist ein echter und begrüßenswerter Fortschritt, dass ältere Verliebte in unserer Gesellschaft nun immer mehr „sein dürfen".

Weil dies aber relativ neu ist, weil früher solche Konstellationen tabuisiert wurden, gibt es wenig tradierte Erfahrungen für den Umgang damit. Tatsache aber ist: Zweitehen, Zweitbeziehungen und -familien gehorchen (natürlich auch in früheren Lebensphasen als der hier besprochenen) anderen Gesetzen als Erstbeziehungen. Diese anderen Gesetze wollen beachtet sein, damit solche Beziehungen gelingen, und außerdem spielt – jedenfalls relativ bald – auch das vorgerückte Alter eine Rolle, die es zu beachten gilt. Eva Jäggi bemerkt zwar: „Gefühle kennen kein Alter" (2004, S. 175), und ein schönes literarisches Beispiel dafür zeigt uns Noëlle Châtelet (1999) in ihrem Roman „Die Klatschmohnfrau", die Geschichte der siebzigjährigen Marthe, die sich intensiv in den etwa gleichaltrigen Félix verliebt. Zu ihrer eigenen Überraschung erlebt sie, wie ihre Verliebtheits-Gefühle so sind, als wäre sie vierzig/fünfzig Jahre jünger. Ältere Menschen, die das erleben, fühlen sich in besonderer Weise beschenkt, und es sei ihnen von Herzen gegönnt, dieses Geschenk zu genießen. Aber gleichzeitig sollte eines nicht vergessen werden: Die „alterslosen" Verliebtheitsgefühle können auch verdecken, dass die jetzige Lebenssituation eine recht andere geworden ist, und wenn man sich darauf nicht rechtzeitig einzustellen bereit ist, können die Anfangsgefühle rasch verflogen sein und man findet sich im Trott des Alltags wieder, der sich nicht viel von dem früherer Beziehungen unterscheidet.

Die beiden Welten

Wenn Paare sich zusammen tun, um ihr Leben miteinander zu verbringen, schaffen sie sich aus den beiden Welten, die jeder mitbringt, eine neue „gemeinsame Welt", in der sie sich miteinander zuhause fühlen können (Willi 2002). Bei jungen Paaren ist das ganz selbstverständlich. Es ist aber auch bei ihnen keineswegs einfach, denn einerseits will Verliebtheit Einheit und Verschmelzung. Aber die Tatsache, dass jeder aus einer anderen Welt stammt, der Welt seiner jeweiligen Herkunftsfamilie, bedeutet auch, dass er damit Verschiedenheit, ja Fremdheit in die neue Beziehung bringt. Es braucht also Anstrengung, dass es gelingt, aus den beiden Welten etwas neues Gemeinsames zu schaffen.

Bei älteren Paaren ist dies noch erheblich schwieriger: Jeder der beiden hat nicht nur eine unterschiedliche Kindheits-Welt, die er mitbringt, er hat in einer langen Geschichte mit früheren Partnern eine eigene Erwachsenen-Welt aufgebaut, deren Teil er bisher war. Zu ihr gehören neben den früheren Partnern auch seine Kinder, die Verwandten, Freundeskreise, eben: die gesamte Lebenswelt, die bisher „seine" war. In der Verliebtheitsphase wird der Unterschied dieser beiden bisher völlig getrennten Welten kaum erlebt, da steht – wie immer in der Verliebtheit – die beglückend erlebte Einheit in der Zweisamkeit im Vordergrund. Sobald die beiden sich aber entschlossen haben, ihr Leben gemeinsam zu verbringen und den Alltag gemeinsam zu leben, tauchen die Unterschiede auf und werden zu Störenfrieden der Harmonie: Er hat einen komplett anderen Einrichtungsstil als sie. Sie hat einen Hund, den er zwar süß findet, aber es graut ihm bei der Vorstellung, mit ihm auf engem Raum zusammenzuleben. Ihre Kinder findet er laut und grenzüberschreitend, wenn sie zu Besuch sind. Seine Kinder erlebt sie arg zurückhaltend bis ressentimentgeladen ihr gegenüber. Er telefoniert „nur wegen der Kinder" mit seiner Ex-Frau, aber seiner neuen Partnerin ist das immer eine Spur zu lang, und sie kann Eifersuchtsgefühle nicht unterdrücken. Wenn sie nur zu zweit sind, ist alles wunderbar, dann genießen sie ihre Liebe, sobald sie den Alltag miteinander verbringen, drängen sich ständig derart trennende Ereignisse, Personen, Vorgänge zwischen sie. Gefühle kennen kein Alter – aber im Alltag kann das Alter massiv ihre Gefühle stören, weil es bedeutet, dass hier die lange und unterschiedliche Geschichte der beiden ihre Verschiedenheit krass zum Bewusstsein bringt.

Zweifellos hilft den beiden in der Regel die Reife ihres Alters, die bewirkt, dass nicht jede Kleinigkeit zum Stolperstein wird. Über vieles können sie gelassen hinweggehen, was in jungen Jahren Konflikte erzeugt hätte, auch weil das Geschenk ihrer späten Liebe sie so mit Freude und Dankbarkeit erfüllt. Dennoch liegt hier ein Konfliktpotential, das dieser Liebe auch zur ernsten Gefahr werden kann. Aus der Erfahrung mit Paaren in solcher Situation (Krähenbühl 2007) möchte ich folgende Hinweise geben:

1. Die eigene Autonomie

Hinsichtlich der Polarität von Autonomie und Bindung, die jedes Paar in eine passende Balance bringen muss, um gut miteinander leben zu können (Jellouschek 2005a, S. 113f), müssen Partner dieses Alters den Akzent stark auf die „Autonomie", auf das Eigenleben legen, sowohl bei sich selber als auch beim Partner. Das heißt: Jeder der beiden muss sich bewusst sein: Bei aller Sehnsucht nach Einheit und Verschmelzung, hat jeder und „ist" jeder eine eigene Welt, und diese beiden Welten können nicht mehr vollständig zur Deckung gebracht werden. Sie sollen und müssen auch ihr Eigenleben haben dürfen. Nur wenn jeder dem andern seinen Raum lässt, nur wenn jeder auch ein Stück bleibender Fremdheit des anderen akzeptiert, können die beiden auf Dauer auch den gemeinsamen Raum der Innigkeit und Nähe erhalten. Zu viel Anspruch auf Nähe und Bindung, so sehr dieser aus schmerzlichen früheren Erfahrungen gerade auch in dieser Altersphase verstehbar und einfühlbar sein mag, gefährdet diesen Raum.

2. Die Beziehungen zu den Kindern des Partners

Das heißt unter anderem ganz konkret: Akzeptieren, dass jeder der beiden Beziehungen hat, die mit dem andern nichts zu tun haben und mit denen der andere nichts oder wenig zu tun hat. Dazu zählen natürlich in erster Linie die (erwachsenen) Kinder aus vorausgegangenen Ehen. Wenn die Kinder meines Partner da sind, bin ich wohlwollender Beobachter, und nur da und dort „Mit-Akteur". Wenn mir etwas nicht passt an ihnen, halte ich mich zurück. Ich bespreche das zuerst unter vier Augen mit meinem Partner und greife möglichst nicht selbst ein. Auf jeden Fall sind „Erziehungsmaßnahmen" von meiner Seite absolutes Tabu. Sie sind angesichts des Alters der Kinder sowieso unangebracht, und wenn überhaupt, sind sie Sache des leiblichen Elternteils. Ich als „Dazugekommener" soll sie mir erst recht nicht anmaßen. Ich muss damit rechnen, dass mich die Kinder meines Partners verständlicherweise ohnehin mit Skepsis und einem gewissen Misstrauen betrachten, denn bei ihnen ist immer noch die Solidarität zum anderen leiblichen Elternteil das, was stärker trägt, selbst wenn sie äußerlich mit diesem in Konflikt leben. Mit versuchten Erziehungsmaßnahmen wäre ich deshalb gänzlich unten durch bei ihnen. Bevor ich mir irgendeine Autorität ihnen gegenüber anmaße und mir einen Einfluss auf sie verspreche, muss ich zuerst eine persönliche Beziehung zu ihnen aufgebaut haben – und dies braucht oft Zeit, mehr Zeit, als ich mir vorzustellen geneigt bin!

3. Die Beziehungen zu den Ex-Partnern

Zu den Beziehungen, um die es hier geht, zählen weiter die Beziehungen zu den Ex-Partnern. Gerade wenn wir eine lange Geschichte mit ihm zusammen hatten und gemeinsam Kinder großgezogen haben, sind noch Bindungen da, die auch bleiben. Die klare Unterscheidung von Paarbeziehung und Elternbeziehung zusammen mit der Regel „Elternbeziehung ja – Partnerebene nein", ist hier eine wichtige Hilfe, aber im konkreten Umgang kann es dennoch leicht zu Problemen kommen. Wenn ich bemerke, dass meine Partnerin mit ihrem Ex zum Beispiel von der Zeit X und dem Urlaub Y ein wenig nostalgisch zu plaudern, ja vielleicht sogar zu schwärmen beginnt, werde ich ihr das tolerant zugestehen. Sie hat nun mal ihre gemeinsame Vergangenheit mit ihm und den Kindern, und es ist ja nur angemessen, wenn sie auch die schönen Seiten dieser Zeit noch sieht, und es ist besser für mich und unsere Beziehung, wenn dieser Blick zurück versöhnt sein darf. Denn würde sie innerlich noch immer im Groll auf den „Ex" verharren, wäre sie sicher stärker an ihn gebunden als so. Das schließt nicht aus, dass ich auf das achte, was mir eventuell zu viel wird, und es ist gut, meinem Partner mitzuteilen, was ich vertragen kann und wo meine Ängste beginnen, denn der Wunsch, dass er darauf Rücksicht nimmt, ist berechtigt. Auf jeden Fall aber ist es angemessen, hier das Herz zu weiten. Der Partner soll mitsamt seiner Geschichte darin einen Platz haben und ich habe kein Recht, so zu tun, als hätte ich einen Anspruch darauf, der erste und einzige wichtige Mensch in seinem Leben zu sein.

4. Nicht zu schnell zu nah zusammen

Eine weitere konkrete Folgerung aus der Situation des neuen Paares ist der Grundsatz „Nicht zu schnell zu nah zusammen". Liebe will Nähe und Beisammensein. Darum ist es verständlich, dass die Liebenden auch zusammenziehen wollen, zumal das heranrückende Alter die – auch räumlich nahe – Zweisamkeit dringlicher macht. Die andere Seite aber ist die Tatsache der „beiden Welten". Sie verlangen, dass man sie nicht zu schnell zusammenzuzwingen versucht. Darum ist „Sich Zeit lassen" angesagt, und das vor allem dann, wenn noch Kinder im Spiel sind, die bei einem von beiden oder beiden wohnen. Man kann auch eine sehr lebendige Beziehung pflegen, ja man kann auch schon verheiratet sein und trotzdem noch getrennt leben. Dadurch vermeidet man zahlreiche Reibungsflächen und man gibt sich Zeit, die Bindung aneinander so zu festigen, dass sie die mit dem Zusammenleben allmählich deutlich werdenden Unterschiede verkraften kann.

Wenn man sich dann entscheidet zusammenzuziehen, ist es natürlich leichter, miteinander einen neuen Wohnsitz zu gründen, in dem weder der eine noch der andere vorher gelebt hat, und in dem neue Gemeinsamkeiten entwickelt werden können. Aus praktischen, finanziellen oder familiären Gründen ist das aber oft nicht möglich. Dann soll man sich aber erst recht Zeit mit dem Zusammenziehen lassen. Denn einer kommt dann in die Welt des anderen, die vom jahrelangen Zusammenleben mit dem früheren Partner geprägt ist. Wenn die Anordnung der Räume, ihre Einrichtung, die Farbe der Wände und Vorhänge noch immer die des Expartners sind, kann das beim neu eingezogenen Partner leicht das Gefühl erzeugen, hier lediglich eine Randerscheinung zu sein. Wenn einer zum anderen zieht, soll er die Möglichkeit haben, in dessen Wohnung auch seinen Geschmack zur Geltung zu bringen, oder besser gesagt: Beide sollen sich Gedanken darüber machen, welche Gestaltung bzw. Umgestaltung der Wohnung ihrer gemeinsamen neuen Beziehung entspricht. Das braucht Zeit, und diese Zeit sollen sich die beiden auch geben, sonst handeln sie sich unter Umständen eine hohe Hypothek auf das weitere Zusammenleben ein.

Zusammenfassend möchte ich sagen: Je mehr die neuen Partner im „dritten Lebensalter" die unterschiedliche Welt des anderen respektieren, desto mehr wird es ihrer „späten Liebe" zugute kommen. So paradox es klingen mag: Je mehr Wert sie auf ihre Autonomie legen, desto tiefer kann ihre Bindung werden.

Paare mit großem Altersunterschied

Wir haben es am Anfang des Kapitels bereits erwähnt: Männer gehen in dieser Altersphase relativ häufig neue Lebensbeziehungen zu erheblich jüngeren Frauen ein. Viel seltener kommt das Umgekehrte vor, nämlich dass Frauen über sechzig ein neues Leben mit erheblich jüngeren Männern beginnen. Dies ist wohl auch der Grund, dass ich aus meiner therapeutischen Erfahrung dafür keine Beispiele habe und deshalb in diesem Kapitel auch speziell darauf nicht eingehen kann. Ich nehme aber an, dass viele meiner

Hinweise auch für diese umgekehrte Konstellation „Ältere Frau –
jüngerer Mann" gelten.

Älterer Mann – viel jüngere Frau

Bevor ich mich diesen Hinweisen zuwende, möchte ich einige
Überlegungen anstellen, warum wir vor allem dieser Konstellation begegnen. Sicher ist ein Grund dafür, dass sie mit den her-
kömmlichen gesellschaftlichen Rollenvorstellungen von Mann
und Frau leichter zur Deckung zu bringen ist: Der Mann als Exis-
tenzerhalter ist das „Oberhaupt" der Familie und als solches auch
der „Ältere". Vielleicht hat es auch biologische Gründe: Auch
ältere Männer können noch zeugen, während Frauen in diesem
Alter nicht mehr gebärfähig sind. Es ist gut möglich, dass tief in
unserem Unbewussten auch dies eine Rolle dabei spielt, dass Männer sich häufiger mit jüngeren Frauen zusammentun als mit älteren.

Darüber hinaus gibt es wohl auch psychologische Gründe, die
in der unterschiedlichen Ablösungssituation von Jungen und Mädchen liegen. Die engste erste Bezugsperson ist für beide die Mutter, das heißt aber für den Jungen: eine Person des anderen Ge-
schlechts. Wenn ein Mann eine Liebesbeziehung zu einer älteren
Frau aufnimmt, liegt es nahe, dass er in dieser ein Stück weit die
Mutter erlebt, vor der er auch auf der Hut sein muss, dass sie ihn
nicht festhält wie die Hexe den Hänsel im Käfig (Jellouschek
2005b, S. 9-28). Darum bleibt er eher der älteren Frau gegenüber
auf Distanz, um seine Männlichkeit zu schützen.

Gilt aber da nicht das gleiche in Bezug auf den Vater bei Frauen
älteren Männern gegenüber? Ein Stück weit schon, aber es hat
nicht diese Brisanz: Das Mädchen als weibliches Wesen muss sich
seinerseits nicht so radikal von der Mutter ablösen, um Frau zu
werden, sie kann mit ihr immer etwas „Gemeinsames" behalten.
Und andererseits bleibt der Vater immer stärker auf Distanz, als
ein „Gegenüber", zu dem sie sich hin bewegen muss, dem gegenüber sie also ihr Eigenes nicht so stark „verteidigen" muss, um sie
selbst zu bleiben. Dazu kommt, dass viele Frauen der letzten zwei

bis drei Generationen in Deutschland die Väter hauptsächlich als abwesende Väter erlebt haben und damit als Gegenstand ihrer Sehnsucht, während die Jungen aus dem selben Grund eher „zu viel Mutter" erlebten, und deshalb Frauen gegenüber, vor allem solchen, die nicht wesentlich jünger sind als sie, auf der Hut sein müssen, um von ihnen nicht „verschlungen" zu werden (Jellouschek 205b, S. 69-86). Möglicherweise hängt damit auch zusammen, dass in der Konstellation „jüngerer Mann – ältere Frau" stärker ein psychologisches Inzest-Tabu aktiviert wird als in der Konstellation „Älterer Mann – jüngere Frau".

Nach diesen Überlegungen wenden wir uns nun den konkreten Fragestellungen zu, dies sich aus Paarkonstellationen mit großem Altersunterschied ergeben und die sich – wie gesagt – in diesem Zusammenhang vor allem auf die Konstellation „Älterer Mann – erheblich jüngere Frau" beziehen.

Die Ressourcen der Beziehung

Der besondere Reiz einer Beziehung mit großem Altersunterschied kann darin bestehen, dass die – relative – Jugend des einen Partners den älteren belebt und innerlich wie äußerlich (jedenfalls vorübergehend) verjüngt, und andererseits das höhere Alter des Partners dem jüngeren das Gefühl von Geborgenheit, Stabilität, Verlässlichkeit gibt. Wenn der ältere Mann für die jüngere Frau auf diese Weise auch ein Stück weit die Vater-Rolle übernimmt, sie seine Fürsorglichkeit genießt und von seinem größeren Erfahrungshorizont profitiert, kann das beispielsweise vor dem Hintergrund ihrer Erfahrung schmerzlichen Alleingelassen-Werdens in einer früheren Beziehung eine wichtige „korrigierende Erfahrung" sein, und meist schadet – wie schon angedeutet – solch „väterliche" Beziehung auch der Erotik keineswegs. Und für den älteren Mann kann gerade die erotische Erfahrung sehr heilend wirken, wenn er zum Beispiel in der früheren Beziehung als Mann in diesem Bereich Kränkungen erlitten hat. So erleben beide häufig, wie das Verletzlichste des einen beim anderen jetzt gut aufgehoben ist – und darin besteht wohl eine der tiefsten Erfahrungen von Liebe.

Ein eindrucksvoll archetypisches Bild einer solchen Beziehung ist in der Artus-Sage in dem Paar Merlin und Viviane (Jellouschek 2005b, S. 145-163) überliefert: Der alte Zauberer Merlin gibt seine Zauberkünste an seine junge Geliebte Viviane weiter. Sie zieht damit in die Welt hinaus und feiert ihre Erfolge, während er sich in die Ruhe des Waldes zurückgezogen hat, wohin sie ihn aber jede Nacht besuchen kommt, um mit ihm ihre Liebe zu leben.

Autonomes Leben

Darin ist allerdings auch ein wichtiger Punkt angesprochen, den es zu beachten gilt, damit aus dem Altersunterschied kein größeres Problem wird: Merlin und Viviane leben ein sehr verschiedenes Leben – weil in ihrem jeweiligen Alter sehr Unterschiedliches zu leben ansteht. Paare mit großem Altersunterschied dürfen – auch wenn ihre Liebe Gemeinsamkeit will – nicht vergessen, dass sie im Lebenszyklus an sehr verschiedenen Stellen stehen und dass sie darum jeweils sehr verschiedene Entwicklungsaufgaben haben. Die Frau hat vielleicht noch schulpflichtige Kinder, sie steht noch im Beruf, sie hat noch Pläne für einen Neuanfang, wenn die Kinder älter sind. Der Mann aber ist vielleicht schon zwei Jahre im Ruhestand und hat keinerlei berufliche Ambitionen mehr. Darum verspricht er sich von der Beziehung zwar auch einen neuen Anfang, allerdings einen ganz anderer Art als die Frau, nämlich einen, der mit einschließt, viel mit ihr zusammen zu sein, viel gemeinsam zu unternehmen, ganz neue Sachen gemeinsam mit ihr und mit ihrer Unterstützung auszuprobieren... Die Liebesgefühle, die kein Alter kennen, können hier einer harten Belastungsprobe ausgesetzt werden: Viel schlechtes Gewissen bei ihr, wenn sie seinem Drängen nicht nachgeben kann und will, und viel Frust und Ärger bei ihm, wenn sie jetzt immer ihre eigenen Wege gehen „muss"... Hier gilt in verstärkten Maße, was wir für die späte Liebe allgemein gesagt haben: Es braucht von beiden, hier aber vor allem meist vom Mann, eine hohe „Autonomie-Toleranz" in Hinsicht auf den Partner. Bei allem Schönen und Reizvollen, das durch den Altersunterschied gegeben ist, hier fordert er auch Verzicht und Einverständnis mit dem Anders-Sein des anderen. Für die Männer gilt hier besonders: Die junge Frau nimmt es ihm nicht ab, jetzt – nach seinem Berufsleben – auch noch ein eigenes Leben mit eigenen Beziehungen, eigenen Anliegen und eigenen Interessenschwerpunkten zu leben oder das unter Umständen erst aufzubauen, wenn früher sein Beruf der einzige Lebensinhalt war. Sie will – wie Viviane – in der „Welt draußen" ihre eigenen Wege gehen, und darum muss er sich Raum und Gelegenheit schaffen, dasselbe auf seine Weise zu tun. Freilich braucht er von ihr – ähnlich wie Merlin – immer wieder die Erfahrung, dass sie zu ihm steht, dass sie ihn als Partner und Mann wirklich will, und dass sie bereit ist, auf dieses oder jenes auch mal um seinetwillen und für die Gemeinsamkeit zu verzichten. Dies braucht er, weil er verständlicherweise immer wieder auch mit Zweifeln zu kämpfen hat, ob er ihr als Partner noch gerecht wird.

Umgang mit Einschränkungen

Die Unterschiedlichkeit zwischen „Merlin" und „Viviane" kann dann besonders herausfordernd werden, wenn sich bei „Merlin" Alterserscheinungen bemerkbar machen, die am Anfang der Beziehung noch keine Rolle gespielt haben. Für das Leben der jüngeren Frau kann das zu einer Belastung werden, mit der sie anfangs kaum gerechnet hat. Er kann vielleicht manches nicht mehr mitmachen, weil er schneller müde wird, will nicht mehr so oft unter Leute, weil ihm der Lärm auf die Nerven geht, wird bei körperlicher Anstrengung sehr viel schneller müde als sie und dergleichen mehr. Dies verlangt von ihrer Seite plötzlich eine Toleranz, zu der noch bis vor kurzem keine Veranlassung war.

Mit ähnlich einschränkenden Veränderungen können sie auch in der Sexualität konfrontiert sein: Er ist im Bett nicht mehr so potent, entweder einfach alters- oder auch krankheitsbedingt. Meist ist allerdings vor allem in diesem letzten Punkt die Angst der Männer bedeutend größer als die Frustration der Frauen. Das macht die Sache aber nicht einfacher, sondern eher komplizierter. Denn auch wenn sie ihm ehrlich versichert, dass sie das durchaus ertragen kann, beginnt er, sich als Mann deshalb abzuwerten, zieht sich vielleicht in sich zurück, und weist die Wünsche der Frau, darüber zu reden, ab, weil er sich seiner schwindenden Männlichkeit, wie er es erlebt, schämt. Dabei wollte sie vielleicht das Thema nur ansprechen, um ihm zu sagen, dass es ihr in der Sexualität eigentlich auf etwas anderes ankommt, als dass er immer und jederzeit „kann" (s. dazu das nächste Kapitel über Sexualität). Aber weil er nicht über das Thema reden will, fühlt sie sich ihrerseits zurückgewiesen, und ihren Rückzug deutet er wiederum als Reaktion auf seine schwindende Potenz: Ein bitterer Entfremdungsprozess kann hier einsetzen.

Was bei Erfahrung solcher anfangs „nicht einkalkulierter" altersbedingter Einschränkungen des einen Partners in erster Linie nottut, ist, dass das Paar daraus kein Tabu macht. Darüber zu schweigen ist der schlechteste Lösungsversuch. Hingegen kann es sehr hilfreich sein, das Störende rücksichtsvoll, aber dennoch deutlich anzusprechen, und sich gegenseitig Ängste und Befürchtungen zu offenbaren. Es kann sehr erlösend wirken, wenn der Ältere von der Jüngeren hört: „Weißt du, das und das ist mir gar nicht so wichtig, wichtig ist mir vielmehr..." Oder: „Wenn das und das für dich so anstrengend ist oder nicht mehr passt, für mich ist es ganz o.k., da allein hinzugehen, das allein zu machen..." und dergleichen. Freilich ist dann vom Älteren die Toleranz verlangt, den anderen auch tatsächlich allein gehen zu lassen, ihn nicht „anzubinden", sondern in dieser Zeit das für sich zu tun, was für ihn passend und stimmig ist.

5. Erotik und Sexualität neu entdecken

Veränderungen

Wie stellt sich die Situation hinsichtlich Sexualität und Erotik in der „dritten Lebensphase" dar? Eigentlich sehr günstig! Man ist weniger eingespannt, man hat mehr gemeinsame Zeit (abgesehen von den „Ungleichzeitigkeiten", die es geben kann, wenn die Frau noch berufstätig ist oder in dieser Phase erst richtig „eingestiegen" ist), es gibt keine kleinen Kinder mehr, die störend dazwischen kommen, Anspannung und Druck, die bekanntlich vorrangige „Liebestöter" sind, haben nachgelassen. Alle diese Veränderungen sind günstige Voraussetzungen für ein inniges, entspanntes Liebesleben des Paares. Warum ist dies aber dann doch eines der Hauptthemen, wenn Paare dieses Alters Therapie oder Beratung in Anspruch nehmen?

Zunächst ist allein schon die Tatsache, dass sie mit einem Berater/einer Beraterin darüber sprechen, ein Zeichen großen Fortschritts. Denn die Paare der vorausgehenden Generation hätten darüber – zumal in diesem Alter – kein Wort über die Lippen gebracht. Das Thema ist also aus der Tabuzone befreit. Sogar in den Gruppen mit gleichaltrigen und jüngeren Paaren, die wir unserer Praxis regelmäßig anbieten, wird gerade auch darüber offen gesprochen. Allein dieser Austausch miteinander ist oft schon dazu angetan, dass zwischen den Partnern auch in diesem Bereich wieder etwas „ins Fließen" kommt.

Welche Themen spielen bei solchen Gesprächen eine Rolle, welcher Art sind die Probleme, die sich speziell in dieser Altersstufe stellen und welche Hinweise haben sich hier als hilfreich erwiesen?

Unterschiedliche sexuelle Entwicklung

Bei Frauen dieses Alters hat sich nach den Wechseljahren das hormonelle Gleichgewicht wieder eingespielt. Vorausgesetzt, dass sie davor sexuell aktiv waren, hat sich dadurch ihre sexuelle Ansprechbarkeit und Erlebnisfähigkeit wieder voll hergestellt. Bei den alternden Männern ist das nicht ganz so. Sie haben keine physisch feststellbaren Wechseljahre erlebt, sie sind wie in jüngeren Jahren weiterhin zeugungsfähig, aber da das „Interesse der Natur" dahin geht, dass nicht sie, sondern die Jüngeren zeugen sollen, hat sie es wohl so eingerichtet, dass die Intensität des sexuellen Erlebens und damit auch der Drang danach schwächer wird. Sexualforscher sagen, dass dieser Prozess schon etwa mit dem 35. Lebensjahr eingesetzt hat. Das heißt nicht, dass es jetzt nicht mehr „funktioniert", aber die Männer spüren in der Phase, um die es hier geht, bei sich das Nachlassen der Dringlichkeit, etwa so, wie es ein Siebenundsechzigjähriger sehr gelassen beschreibt, dass „sein Begehren einer ‚freudigen Kenntnisnahme' weiblicher Reize gewichen" sei (v. Kleist 2006, S. 223). Viele seiner Geschlechtsgenossen reagieren weniger abgeklärt auf diese Erfahrung, sind dadurch verunsichert und betonen deshalb ihre nach wie vor vorhandene Potenz besonders stark, oder aber sie schämen sich, weil sie dieses Nachlassen für „unnormal" halten, und neigen zum Rückzug, zumal wenn sich in ihnen – mit oder ohne Grund – der Eindruck festgesetzt hat: Die Frau will mehr, als ich kann.

Auf Seiten der Frauen hat dies leider oft ebenfalls Rückzug zur Folge: Denn entweder nehmen sie Rücksicht auf seine Verunsicherung und halten sich deshalb ihrerseits zurück, oder sie beziehen seinen Rückzug auf sich und schreiben ihn ihrem eigenen Alterungsprozess zu. Sie glauben, nicht mehr attraktiv genug für den

Mann zu sein. Die Falten auf der Haut und die erschlaffenden Formen lassen sich ja im intimen Bereich des sexuellen Austausches weniger verbergen als im Alltag. Wenn nun der Mann nicht mehr auf sie zukommt, schieben sie es dem Schwinden ihrer Attraktivität in die Schuhe und halten sich deshalb zurück. Wenn hinzu kommt, dass die Sexualität in den früheren Lebensphasen durch die Gewöhnung des Alltags, aufgrund der Beanspruchung durch Kinder und Berufe ohnehin schon ein wenig oder weitgehend „eingeschlafen" ist, kann es sein, dass sie nun – trotz der günstigen äußeren Bedingungen – vollends aus dem Leben des Paares verschwindet.

Es kann allerdings auch sein, dass die Sexualität deshalb aus dem Leben des Paares verschwunden ist, weil sie für beide Partner im Laufe der Zeit einfach immer weniger wichtig geworden ist. Wenn ein Paar damit ausdrücklich oder stillschweigend einverstanden ist, muss das ganz und gar nicht problematisch sein. Man soll sich hüten, hier neue Normen aufzustellen, wozu seit der „sexuellen Revolution" leider so mancher neigt und damit Paare, die keine Sexualität mehr miteinander leben, abwertet und verunsichert. Ein sinnerfülltes und freudiges Zusammenleben ist natürlich trotzdem möglich und nicht weniger wertvoll. Ich stelle aber immer wieder fest, dass einer oder beide im Stillen Sehnsucht danach haben, dass sie jedoch ihre Sehnsüchte nicht miteinander austauschen, geschweige denn, dass sie darüber miteinander reden würden, wie sie diese für sich allein und in ihrer Fantasie zu stillen versuchen. Vielmehr entwickeln sie eine Vorwurfshaltung gegen den andern und entfremden sich damit voneinander. So verhält es sich natürlich bei weitem nicht immer, wenn es jedoch Schwierigkeiten gibt, sind diese häufig auf solche Zusammenhänge und Abläufe zurückzuführen. Worauf ist nun zu achten, um Erotik und Sexualität in dieser Lebensphase lebendig zu halten oder wiederzubeleben?

Zwei Arten von Sexualität

Jörg Willi hat eine hilfreiche Unterscheidung getroffen: Er spricht von „Sexualität der Lust" und von „Sexualität der Zugehörigkeit" (Willi 2002, S. 82-102). Die „Sexualität der Lust" will den anderen erobern und ihn verführen. Sie äußert sich mit unabweisbarer Dringlichkeit, kümmert sich nicht um bestehende Ordnungen, um das, was „sein darf" und was „verboten" ist. Sie geht über Grenzen hinweg und ist auf die eigene Befriedigung aus. So geht es Menschen am Anfang einer Beziehung, wenn sie „ineinander verknallt" sind, und so überfällt es Menschen, die es mehr oder weniger unwiderstehlich in eine Affäre hineinzieht. Allerdings entsteht durch den sexuellen Austausch andererseits auch das Gefühl von Nähe und Bindung zum Partner. Dies ist ein wesentlicher Beweggrund, dass die Sexualpartner beieinander bleiben wollen, und dass sie ihre Verliebtheit in eine Lebensgemeinschaft überführen. Dadurch bekommt die Sexualität aber eine andere Qualität, und im Blick darauf spricht Willi dann von „Sexualität der Zugehörigkeit". Das Paar vergewissert sich durch ihren Vollzug immer wieder seiner Zusammengehörigkeit. Der sexuelle Austausch ist das, was die beiden zutiefst miteinander verbindet, und von dem sie das Gefühl haben: „Das gehört nur uns beiden, dadurch komme ich dir, kommst du mir so nahe wie durch sonst nichts". Die Sexualität der Zugehörigkeit zerstört nicht soziale Beziehungen, sondern stärkt sie, bis dazu hin, dass sie das Bedürfnis nach Ausschließlichkeit schafft: „Das soll nur uns beiden gehören".

Auch wenn die Unterscheidung dieser beiden Arten von Sexualität manchem ein wenig theoretisch anmuten mag und diese sich in der Realität auch nicht fein säuberlich voneinander trennen lassen, ich finde sie dennoch sehr hilfreich. In unserer Zeit und unserer Gesellschaft wird nämlich Sexualität weitgehend mit der „Sexualität der Lust" identifiziert, mit der Sexualität also, wie sie in der Verliebtheit des Anfangs und in Affären erlebt wird. Das heißt: Wenn die Leidenschaft, die – sozusagen „ohne Rücksicht auf Verluste" – zueinander treibt, abebbt und allmählich verlischt, wird das mit dem Erlöschen von Sexualität und Erotik überhaupt gleichgesetzt. Weil aber dieses Abebben sich im Laufe eines längeren Zusammenlebens immer bis zu einem gewissen Grad vollzieht, wird dann die Unmöglichkeit zu lebendiger Sexualität in der Dauerbeziehung überhaupt diagnostiziert und zum Beispiel „Fremdgehen" als Mittel ihrer Wiederbelebung gutgeheißen oder sogar empfohlen. Die Verletzungen, die Partner dadurch einander zufügen, werden dabei übersehen oder auf ein überholtes Besitzdenken, das überwunden werden muss, zurückgeführt. Was dabei völlig übersehen wird: Wenn Sexualität in einer Beziehung nicht mehr die leidenschaftliche Intensität hat wie am Anfang, heißt das keineswegs, dass sie nicht trotzdem als tief befriedigend und auf andere Art auch sehr lustvoll erlebt werden kann. Allerdings nur unter einer Voraussetzung: Nämlich unter der Voraussetzung, dass man sich um sie kümmert, sie pflegt, sie gestaltet.

Neuentdeckungen

Was heißt nun „Pflege und Gestaltung der sexuellen Beziehung"? Dafür gibt es wieder einige konkrete Hinweise, die sich als hilfreich gerade für Paare dieses Alters erwiesen haben:

1. Sexualität muss man wollen

Der erste Hinweis gilt für Dauerbeziehungen allgemein, auch schon in jüngeren Jahren, vor allem in der eigentlichen Familienphase: Es ist eine Illusion zu meinen, Sexualität zwischen den Partnern müsse sich aufgrund des „Drangs zueinander" immer wieder quasi von selbst „durchsetzen". Vielmehr ist die Chance, dass Sexualität „einschläft", sehr groß, wenn das Paar dafür nicht geschützte und gesicherte Räume und Zeiten schafft. In jüngerem Alter und der früheren Lebensphase ist dies nötig, weil sonst immer wieder Pflichten und Aufgaben dazwischen kommen, die dringlicher erscheinen. In der Lebensphase, um die es hier geht, braucht es solche geschützten Räume und Zeiten, weil eben der erwähnte

„Drang dazu" allmählich nachlässt und aus der „langen Weile" des Zusammenlebens nicht selten auch liebestötende „Langeweile" geworden ist. Vor allem wenn es darum geht, diesen Bereich der Beziehung wiederzubeleben, weil aus den erwähnten Gründen vorher „der Faden gerissen ist", ist es eine Illusion zu meinen, das müsste nun jetzt, in der Ruhestandsphase, irgendwie von selbst passieren. Nein, es wird nicht von selbst passieren. Man muss sich dem zuwenden und es wieder tun wollen.

Sexualität muss man wollen: Das macht der Sexualtherapeut Ulrich Clement im Blick auf Langzeit-Beziehungen ganz allgemein eindringlich deutlich (Clement 2005, S. 26-29) – für Beziehungen im Alter von „Sechzig plus" gilt das um so mehr. Dieses „Wollen" ist notwendig, damit man es nicht dem Zufall oder der „Spontaneität" überlässt, sondern eben Räume und Zeiten für das intime körperliche Zusammensein vorsieht, die der Erfahrung nach günstig dafür sind: Wo man ungestört ist, wo man Zeit genug dafür hat, nicht zu müde ist und ein schönes, stimmiges Ambiente dafür hat. Hier kann man sich mit Achtsamkeit dem körperlichen Austausch widmen. Es schadet auch gar nicht, sondern nützt eher, wenn dies gewissermaßen „ritualisiert" wird: Es ist immer ein bestimmter Tag, eine bestimmte Zeit, eine bestimmte Umgebung. Man kann sich so innerlich darauf einstellen und sich zu dieser Begegnung hin öffnen. Mein Eindruck ist, dass in der Generation der heute Sechzigjährigen viele dazu neigen, sich um diese sorgfältige Pflege herumzudrücken. Wenn man sich der sexuellen Beziehung so „geplant", ausdrücklich und im Austausch mit dem Partner zuwendet – und es „klappt dann womöglich trotzdem nicht", diese Vorstellung scheint für manche sehr schambesetzt zu sein, darum lassen sie lieber gleich ganz die Finger davon.

2. Die positiven Seiten der Alters-Sexualität

Damit bin ich beim zweiten Punkt. Die Vorstellung vom Mann, der immer und jederzeit eine gigantische Erektion haben, sie beliebig lang halten und sich mehrmals hintereinander fulminant entladen kann, ist heutzutage eine gesellschaftliche, von den Medien immer wieder neu propagierte Norm-Vorstellung, die schon junge Männer unter einen unrealistischen Druck setzt. Umso mehr sind alternde Männer diesem Norm-Druck ausgesetzt, der dann häufig das „Versagen" vorprogrammiert. Demgegenüber ist wichtig zu beachten: Wenn die sexuelle Kraft beim Mann nachzulassen beginnt, hat das für den sexuellen Verkehr auch Vorteile. Es bedeutet ja auch: Das Tempo wird langsamer. Das heißt, er kommt nicht mehr so schnell in Fahrt, kann die Erregung nicht mehr so lange halten, drängt nicht mehr (wenn er sich nicht bewusst dahin unter Druck setzt) so schnurgerade auf den Orgasmus zu. Dies kommt aber der natürlichen Erregungskurve der Frau entgegen. Dass alles so schnell ging, das war für viele Frauen in jüngerem Alter in der sexuellen Beziehung häufig ein Problem, weil es in so schnellem Tempo bei ihnen „nicht funktionierte". Wenn es jetzt bei ihm langsamer geht, können sich beide leichter aufeinander einschwingen. Es besteht eher die Möglichkeit, eine echte sexuelle Kommunikation herzustellen, bei der etwas hin und her geht, und nicht nur einer voranläuft und der andere sehen kann, wie er hinterher kommt.

3. Neues wagen

Allerdings setzt das voraus, dass Mann und Frau offen dafür sind, Erotik und Sexualität neu zu entdecken und zu erfahren, dass das Spektrum erotischer Freuden sehr viel breiter ist als die Entladung im Orgasmus, der womöglich dazu noch gemeinsam sein „muss", damit er positiv bewertet werden kann. Beide Partner brauchen den Willen, sich auf die Suche zu machen, um ihre erotisch-sexuelle Kommunikation neu zu gestalten. In diesem Zusammenhang sagt Wolfgang Schmidbauer: „Die Erotik im Alter ist eine Kulturleistung" (Schmidbauer 2003, S. 120). Wie Paare, die dies realisieren, an die Sache herangehen, charakterisiert der Autor so: Sie „kooperieren und tauschen sich aus; sie versuchen, sich gegenseitig zu bestätigen, und gehen mit Kritik vorsichtig um. Gutes Gelingen wird gefeiert, weniger gelungene Varianten werden übergangen, es sei denn, es gibt eine Möglichkeit, aus ihnen zu lernen" (ebd.). Und die neuen Möglichkeiten, die mit einer solchen Haltung entdeckt werden können, konkretisiert Eva Jaeggi folgendermaßen: „Auch ohne Viagra muss der Lustgewinn nicht schwinden. Ältere fantasiebegabte Paare, wenn sie einander mögen und Vertrauen zueinander haben, erfinden sich auch ohne höchste orgastische Lüste ein befriedigendes sexuelles Zusammensein. Streicheln, oraler Sex (für den Mann oft sehr wichtig), Stimulieren anderer erogener Körperregionen – das alles kann an sich schon befriedigend sein und für das Paar bedeuten: Wir sind auch noch im erotischen Sinn ein Paar, wir gehören zusammen." (Jäggi, 2005, S. 111). Sie weist darauf hin, dass es keineswegs schlimm sein muss, wenn es nicht immer einen Orgasmus gibt. Die „leichte Lust", die man miteinander erfährt, kann hohen Genuss bereiten, wenn man nicht im Kopf hat, dass ein Orgasmus kommen „muss". Überhaupt kann es sehr hilfreich sein, sich immer mehr von Normvorstellungen zu befreien: „Ein Orgasmus ist für alte Menschen oft leichter durch Selbstbefriedigung zu erlangen als in Feinabstimmung auf den anderen. Warum nicht diese 'geheime Lust' freigeben an den Partner? Zusehen, mithelfen, sich an der Lust des anderen freuen: Auch dies ist Sexualität und hat beileibe nichts Peinliches an sich, wenn beide damit einverstanden sind" (ebd.). Es braucht allerdings Vertrauen zueinander und die Sicherheit, vom Partner verstanden zu werden und es bedarf „zu solcher Sexualität einer Freiheit von Konventionen, einer Souveränität auch den eigenen unnötigen Schamgefühlen gegenüber." (ebd.). Sicher ist solches leichter möglich, wenn Partner schon in früheren Jahren Barrieren im sexuellen Erleben abgebaut haben. Aber auch das vorgerückte Alter, in dem sie jetzt stehen, gibt nochmals die Gelegenheit, sich von manchen verpflichtenden Normvorstellungen zu lösen, weil man nun nicht mehr den kollektiven Druck empfindet, diese erfüllen zu müssen.

Dass solche Erfahrungen keineswegs Illusion sind, das bestätigte mir vor kurzem ein Kollege, der nach einer Prostata-Operation nachhaltig impotent geworden war, sodass er zwar noch orgasmusfähig war, aber keine Erektion mehr hatte. Er sagte: „Erst seit das mit der Erektion nicht mehr klappt, habe ich die Vielfalt der erotischen Möglichkeiten entdeckt. Weil ich nicht mehr so darauf fixiert bin, erlebe ich jetzt Sexualität viel tiefer und erfüllter als vorher!" Das Gesagte kann also durchaus auch bei gesundheitsbedingten Einschränkungen der „normalen" Sexualität gelten. Gerade Prostata-Behandlungen – Operation und Bestrahlung – mehren sich in dieser Altersstufe und damit auch die mögliche Folge von Impotenz. Aber auch dann ist es mit der Erotik und Sexualität nicht vorbei – wenn wir es nicht mit ihr vorbei sein lassen. Freilich: „Es" geht nicht oder nicht mehr „von selber". Sexualität wird zu einer Kulturleistung, die man „wollen muss". Und vor allem ist es wichtig, zu realisieren, dass auch hier und gerade hier der Satz gilt: Use it, or loose it! Auch in der Sexualität muss man „in Übung bleiben", und dies gerade auch in dieser Phase, da das vitale Drängen danach aufgrund des Alterungsprozesses nachzulassen beginnt.

Der Lohn für diese Sorgfalt im sexuellen Tun ist dann die immer wieder erlebte gegenseitige Bestätigung als Mann, als Frau, die Erfahrung tiefer, körperlicher Verbundenheit miteinander und die gerade in erotischen Erfahrungen aufleuchtende Freude am Geschenk des Lebens.

Hilfsmittel

Natürlich sollen Paare, wenn sie das wollen und mögen, auch äußere Hilfsmittel in Anspruch nehmen. Wenn sie so etwas ihr ganzes bisheriges Paar-Leben über nicht gemacht haben, ist dies für viele schambesetzt. Sie holen darüber keine Informationen ein, und es ist ihnen peinlich, sich etwas derartiges in einem Laden zu beschaffen. Ich möchte Mut machen, sich auch hier auf den Weg zu begeben und Neues zu probieren. Für die Frauen kann es sehr wichtig sein, Gleitmittel zu verwenden, weil die Scheide nach dem Klimakterium häufig nicht mehr oder nicht mehr genügend feucht wird. Wenn durch den Verkehr deshalb Schmerzen verursacht werden, wird Sex mit „Tut weh" assoziiert – und Aversionen sind die Folge. Diese führen unter Umständen dann dazu, dass Körperlichkeit und körperliche Berührung überhaupt vermieden werden, weil man dadurch ja wieder an die Sexualität erinnert wird – und die möchte man wegen der Gefahr neuer Frustration vermeiden. Für die Anschaffung von Gleit- und anderen Hilfsmitteln muss man im Übrigen nicht einen Sex-Laden aufsuchen – mit der Gefahr, dabei von Bekannten beobachtet zu werden. Man kann sie heute auch über das Internet bestellen. Und: Die Anwendung solcher Hilfsmittel muss natürlich nicht nüchtern wie die Anwendung oder Einnahme eines Medikaments erfolgen. Man kann sie auch fantasievoll in den zärtlichen Austausch und das erotische Spiel mit einbeziehen.

Bei den Männern haben sich durch Viagra, Cialis und ähnliche Präparate neue Möglichkeiten eröffnet, wieder zu stärkeren und länger anhaltenden Erektionen zu kommen. Auch dies kann Paaren helfen, die Lust an der Sexualität zu steigern oder sie sich zu erhalten. Allerdings höre ich in letzter Zeit häufiger von Männern, dass sie ihre Körper-Reaktionen auf solche Mittel als etwas von ihnen Entfremdetes erleben, so als ob sie nicht zu ihnen dazugehören würde. Auch wenn es dann wieder „funktioniert", sind sie deshalb nicht recht glücklich damit. Sie erleben es als stimmiger, mit weniger oder keiner Erektion die anderen Möglichkeiten des erotischen und sexuellen Genusses zu leben, als „künstlich" ein steifes Glied zu erzeugen. Es gilt also hier, auszuprobieren und den für sich und die Partnerin stimmigsten Weg zu finden.

Schließlich noch eine ganz praktische Bemerkung: Wenn die Leidenschaft einen nicht mehr unwiderstehlich zum anderen treibt und man Sexualität nun in der oben beschriebenen Weise „pflegt", wenn man Zeiten und Räume dafür reserviert, kann die Gestaltung des Ambiente eine größere Bedeutung bekommen als bisher. Das heißt, es kann wichtiger werden, auf so „äußere" Dinge zu achten wie Beleuchtung, Temperatur, Hintergrundmusik. Das war früher, in Zeiten größeren körperlichen Drangs vielleicht unnötig, gar störend. Jetzt kann es entscheidend für den erotischen Genuss werden. Auch die Bedeutung von Köperhygiene, gutem Geruch, frischer Rasur und dergleichen kann für das Lustempfinden größer werden. Dem entsprechend gilt es hier, wie bereits in Kapitel 3 besprochen, achtsamer zu werden. Wenn der sexuelle Austausch nicht mehr gepflegt wird, hat es zuweilen auch den Grund darin, dass der eine den anderen „nicht mehr riechen kann" und deshalb von ihm körperlich abgestoßen wird. Wenn das so ist, ist es jetzt hoch an der Zeit zur offenen Aussprache. Statt dann beleidigt oder verletzt zu sein, sollte sich der Betroffene sagen: Es handelt sich hier um Dinge, die mir – offen angesprochen – zwar vielleicht recht unangenehmen sind, die aber oft auch leicht verändert werden können.

Zärtlichkeit und Körperkontakt

Wenn die Sexualität noch lebendig ist, bleiben Paare auch körperlich verbunden, und das heißt: Sie suchen und praktizieren in der Regel auch andere Formen des Körperkontakts. Sie berühren sich, sie umarmen einander, streicheln sich und kuscheln miteinander. Wenn das Paar den sexuellen Kontakt hat ersterben lassen, besteht die Gefahr, dass diese anderen Formen des Körperkontakts ebenfalls nach und nach verschwinden. Gerade dann, wenn das Verlöschen der Sexualität schambesetzt ist und tabuisiert wird, neigen Paare dazu, auch keinen nicht-sexuellen Körperkontakt mehr zu pflegen, weil dieser ja an die tabuisierte und weggedrängte Sexualität erinnert. In dieser Hinsicht ist es mir ein Anliegen zu betonen: Wie immer es ein Paar mit der Sexualität hält, ob sie noch praktiziert wird oder nicht, ob es für beide Partner in Ordnung ist, dass sie nicht mehr stattfindet oder nicht: Auf keinen Fall sollten sie aufhören, sich körperlich zu berühren, sich zu umarmen, zu streicheln, beieinander zu liegen, die Körperwärme des anderen spüren zu wollen. Das elementare Grundbedürfnis nach körperlichem Kontakt, auch jenseits von Sexualität, erwacht in der Altersphase mit neuer Dringlichkeit. Dieser Körperkontakt vermittelt uns wie nichts anderes das konkrete Gefühl, angesichts auch der

Abgründe des Lebens, denen wir uns nähern, nicht allein zu sein. Hört er ganz auf, besteht die Gefahr, dass die Partner sich der bitteren Erfahrung einer „Einsamkeit zu zweit" ausliefern.

Mir liegt ein Brief vor, den ich vor ein paar Jahren von einer Frau erhalten habe: Darin beklagt sie sich in ergreifenden Worten darüber, dass ihr Mann seit einiger Zeit das gemeinsame Bett meidet. Dadurch würde viel von dem verloren gehen, was ihr gerade im Alter immer wichtiger würde, den anderen zu spüren, seinen Atem zu hören, zu ihm „rüberlangen" zu können, mit ihrer Hand seine Hand, mit ihrem Fuß den seinen zu berühren. Dadurch würde ihr die eigentlich sehr schöne Beziehung zueinander immer mehr entgleiten, sie würde sich immer mehr von ihm entfernen und dies erfülle sie mit großem Schmerz. – Sicher kann es auch gute Gründe geben, getrennt zu schlafen, und wenn dies der Wunsch beider ist, kann es ja auch ganz in Ordnung sein und auch untertags durch den Austausch von Zärtlichkeiten kompensiert werden. Aber der Brief der Frau machte mir bewusst, wie bedeutsam das „Bündnis der Zärtlichkeit" (s. Kap. 7 in diesem Buch) gerade in dieser Lebensphase sein kann – gegen die Bedrängnisse, die uns das Älterwerden manchmal ausmalen lässt oder auch tatsächlich mit sich bringt. Häufiger Körperkontakt kann gerade alternden Paaren neue Kraft und neuen Lebensmut vermitteln.

Noch ein letztes zu dem, was sowohl für die gerade erwähnten Formen des Körperkontakts als auch speziell für den sexuellen Kontakt gilt: Wenn Paare damit aufgehört haben, wird mit jedem Tag, da sie ihn nicht praktizieren, die Barriere höher, wieder damit anzufangen. Das ist ein echter Teufelskreis: Je länger wir nicht zusammenkommen, desto mehr treibt es uns auseinander. Je länger wir den Weg nicht beschreiten, desto weiter wird er. Hemmungen und Scham voreinander werden stärker, die Tabuisierung unüberwindlicher. Darum empfehle ich hier in besonderem Maße: Carpe diem! Nicht mehr aufschieben, Absprachen treffen, wieder beginnen! Der Mut zum Experiment lohnt sich auch hier!

6. Versöhnung mit der Vergangenheit

Unerledigte Angelegenheiten

Seit der Lebensmitte wird die Strecke, die wir zurückgelegt haben mit jedem Tag länger als diejenige, die noch vor uns liegt. Das bereits „gelebte Leben" bekommt damit für unsere Gegenwart und für unsere Zukunft ein immer größeres Gewicht. Macht uns das reich oder ist es eine drückende Last, die daran hindert, nach vorne zu schauen und in die Zukunft zu gehen? Wir kennen ältere Menschen, die nur noch in der Vergangenheit leben: Das ist wohl nicht das Ideal. Damit gehen Gegenwart und Zukunft verloren. Wir kennen aber auch Menschen, die von ihrer Vergangenheit nichts mehr wissen wollen und darum entweder vor ihr davonlaufen, und so jedes gefährliche Thema vermeiden, oder sich auch dadurch schützen, dass sie alles Schwierige in immer wieder hervorgeholte Stereotypen verpacken. Das ist wohl auch kein guter Umgang mit der Vergangenheit. Denn auch wenn ich mich von meiner Vergangenheit abschneide, die in der Erinnerung auftauchenden Ereignisse immer wieder weg- und zurückdränge – ich werde sie dadurch nicht los. Häufig geschieht es dann, dass uns diese im unpassendsten Moment einholen, manchmal sogar in Wutanfällen oder depressiven Zusammenbrüchen überwältigen – und weil diese aus dem Geschehen hier und jetzt für den Außenstehenden nicht nachvollziehbar sind, werden sie dann oft zu ernsthaften Problemen auch in der Partnerschaft. Es ist darum eine wichtige Frage für die Lebenskunst der Jungen Alten, einzeln und in ihren Partnerschaften: Wie können wir mit unserer Vergangenheit, wie können wir mit unserer eigenen Geschichte gut umgehen? Nach dem oben Gesagten müsste das etwa in die Richtung gehen: Nicht darin versinken, aber auch nicht sich davon abschneiden und sie verdrängen. Aber wie macht man das? Wie findet man diesen „Mittelweg"? Und wie sieht er konkret aus?

Die Erfahrung zeigt uns einen paradoxen Tatbestand: Je gelassener wir unsere Vergangenheit anschauen und versöhnt zu ihr „Ja" sagen, desto eher können wir sie einerseits loslassen, und desto mehr wird sie andererseits dadurch zu einem Reichtum in unserer Gegenwart, der uns hilft, befreit in die Zukunft zu gehen und deren Möglichkeit für uns zu nutzen. Bei Ereignissen der Vergangenheit, auf die wir gerne zurückschauen, leuchtet das unmittelbar ein, etwa wenn wir uns erinnern, wie wir eine komplizierte Lebenssituation miteinander gut bewältigen konnten und uns eine hervorragende Lösung gelungen ist. Dies stärkt uns auch jetzt noch und gibt uns Zuversicht für die Zukunft. Aber wie ist das bei den Ereignissen der Vergangenheit, die Narben und Wunden in uns hinterlassen haben, die noch nicht verheilt, oder schlecht verheilt sind, sodass sie immer noch schmerzen? Und mit denen wir ganz und gar nicht ausgesöhnt sind? Diese von sich wegzuhalten oder sie wegzudrängen, scheint doch eine gute Möglichkeit zu sein, um uns vor ihnen zu schützen und uns dadurch emotional im Gleichgewicht zu halten. Welche andere Möglichkeit sollte es da geben, mit ihnen fertig zu werden?

Fritz Perls, der Gründer der Gestalttherapie spricht in diesem Zusammenhang von „unerledigten Geschäften" oder „unerledigten Angelegenheiten" der Vergangenheit: Wie Rechnungen, die noch offen sind, tauchen sie immer wieder auf und erinnern uns an die ausstehende „Zahlung". Und wenn wir diese „Mahnungen" nicht beachten, kann plötzlich der Gerichtsvollzieher vor der Tür stehen... Deshalb erzeugen sie in uns eine diffuse Angst, auch wenn wir noch so gerne nichts mehr von ihnen wissen wollen. Wie kann man also solche unerledigten Geschäfte „erledigen", sodass sie nicht mehr auftauchen und einer versöhnten inneren Haltung Platz machen? Auf diese Frage werden wir für unterschiedliche Arten von „unerledigten Angelegenheiten" der Vergangenheit in diesem Kapitel Antworten suchen.

Enttäuschungen: „Ach hätte ich doch..."

Nach einem Vortrag, den ich über die Rolle des Vaters in der Familie gehalten hatte, kam eine Frau zu mir und klagte: „Mein Mann macht sich und mir das Leben zur Hölle, weil er immer wieder darüber jammert, wie schlimm es mit unserem Sohn gelaufen ist. Er kann überhaupt nicht akzeptieren, was dieser macht und wie er lebt. Und er macht sich selbst deshalb ständig Vorwürfe, was für Fehler er gemacht hat und wie sehr es mit seiner und unserer Erziehung schiefgelaufen ist. Ich versuche dann immer wieder auf ihn einzureden, dass das doch gar nicht stimmt und dass es mit unserem Sohn doch gar nicht so schlimm steht, aber das bewirkt nur, dass er dann ärgerlich auf mich wird und mir unterstellt, ich würde nur zum Sohn halten, und das wäre ja immer so gewesen und dies sei ja auch ein Grund, dass es so daneben gegangen ist mit ihm..."

Das „unerledigte Geschäft" ist hier eine nicht gelungene Vater-Sohn-Beziehung. Der Mann macht sich Vorwürfe, dass er es nicht geschafft hat, den Sohn in die „richtige Richtung" zu bringen. Und wenn die Frau ihm das ausreden will, richtet er seine Vorwürfe gegen sie und macht sie zur Mitschuldigen. Das erregt dann ihren Ärger, sie beginnt sich zu verteidigen und Gegenvorwürfe zu machen. Das ist der beste Weg, dass die Sache unerledigt bleibt, demnächst wieder auftaucht und aufs Neue für ein Zerwürfnis der Partner sorgt. Aber auch wenn der Mann seine Vorwürfe nicht auf die Frau umlenkt, sondern dabei bleibt, die Schuld bei sich selber zu suchen, und sich deshalb selbst immer wieder anzuklagen, ist es kaum besser. Denn auch damit wird er zu einer argen Belastung für die Beziehung, denn er lockt die Partnerin damit in die Rolle des Beschwichtigerin, die ihm immer wieder seinen Kummer ausreden will, sodass sich ein rigides Muster einspielt, bei dem er immer der „Negative" und sie immer die „Positive" sein muss. Abgesehen davon, dass dies für beide höchst unbefriedigend ist, hindern sie sich dadurch außerdem noch gegenseitig daran, die Realität in all ihren – positiven wie negativen – Facetten zu sehen. „Ausschließlich positiv" und „ausschließlich negativ" wird gegenseitig aufgeteilt, und beides ist gleich unrealistisch. Dem „Positiven" beginnt zudem die Jammerei des anderen auf die Dauer entsetzlich auf die Nerven zu gehen, er fängt an, Wut auf ihn zu sammeln, weil ihm allmählich die Kraft ausgeht, immer nur begütigend und beschwichtigend auf ihn einzureden.

Es gibt außer diesen Beispielen natürlich noch unendlich viele andere „unerledigte Geschäfte" der Kategorie „Was ich falsch gemacht habe" oder „Was schief gegangen ist". Allen gemeinsam ist, dass man sich klagend immer wieder damit beschäftigt, entweder in Selbstgesprächen oder im Gespräch mit dem Partner. Man muss sich fragen: Welche Funktion hat eigentlich dieses wiederholte Klagen? Es scheint der Versuch zu sein, das Geschehene zu verändern oder ungeschehen zu machen. Das kann natürlich nicht gelingen, und gerade deshalb „muss" man es immer wieder versuchen. Wie kann dieser Teufelskreis unterbrochen werden? Mit drei Stichworten möchte ich darauf antworten: Verstehen – Betrauern – Loslassen.

1. Verstehen

Es geht zunächst darum, sich dem Vergangenen, das immer wieder beklagt wird, tatsächlich nochmals ausführlich zu widmen, aber nicht mit der Absicht, es ungeschehen zu machen oder im Nachhinein zu verändern. Es geht vielmehr darum, es nochmals genau anzuschauen, um neue Verstehensmöglichkeiten zu gewinnen und dadurch die Dinge in einem anderen Licht zu sehen. Bei unserem Beispiel käme es darauf an, dass die Eltern miteinander zurückschauen und das Puzzle, „wie es damals war mit dem Sohn" nochmals neu zusammensetzen. Dadurch zeigen sich neue Verstehensmöglichkeiten, warum es damals so gelaufen ist. So könnte zum

Beispiel deutlich werden, dass zwar der Mann tatsächlich zu wenig für den Sohn greifbar war, dass er aber damals beruflich unter einem so bedrohlichen Druck stand, dass mehr für ihn einfach nicht zu schaffen war. So könnte er barmherziger mit sich und seinem „Versagen" werden. Und seine insgesamt negative Sichtweise auf den Sohn könnte sich verändern, wenn er bei dieser Rückschau merkte, wie seine Unzufriedenheit darin ihre Quelle hatte, dass der Sohn nicht seine, des Vaters, Berufswünsche erfüllte, sondern seine eigenen Wege ging und gehen musste. Dadurch könnte auch sein Blick auf den Sohn wieder liebevoller werden.

Was in der Phase des Verstehens erreicht werden sollte, ist also nicht nur ein „intellektuelles" Erkennen neuer Aspekte (was auch schon viel wert ist), sondern auch ein emotionales Verstehen, das heißt ein Verständnis für sich, für den Partner – und in unserem Beispiel – auch für den Sohn. Das Ziel wäre etwa, dass die beiden versöhnlich sagen können: „So war es – wir haben uns bemüht – wir haben es nicht anders geschafft – ich verzeihe mir und wir verzeihen es uns gegenseitig, was wir da nicht gut gemacht haben!" Und außerdem: „Der Sohn ist seinen eigenen Weg gegangen, es war der, der ihm entsprach und ihm möglich war – wir akzeptieren das!" In Situationen wie der unseres Beispiels gehört zum „Verstehen" auch zu realisieren, dass der Sohn auch jetzt immer noch seine Möglichkeiten und darum auch seine eigene Verantwortung hat, die Dinge so zu tun, wie er sie tut, oder sie auch in eine andere Richtung zu lenken, wenn er mit seinen Entscheidungen nicht mehr zufrieden sein sollte.

Den erwachsenen Kindern diese Eigenverantwortung zu überlassen, und sich nicht als Eltern alles selber in die Schuhe zu schieben, kann ein wichtiges Stück Versöhnung mit der Vergangenheit bringen. Es gibt keine Eltern, die ideale Eltern sind. Wir haben immer beides weitergegeben, Positives wie Negatives. Genauso wie das seelisch-geistig-körperliche Erbe, das wir von unseren Eltern erhalten haben, auch dunkle Seiten hat, mit denen wir uns auseinandersetzen mussten und müssen, genau so ist es unser Schicksal, auch dunkle Seiten weitergegeben zu haben, mit denen sich unsere Kinder auseinandersetzen müssen. Der Anspruch, das hätten wir vermeiden können, ist ein illusorischer Anspruch. Dies zu realisieren, kann uns von Selbstvorwürfen sehr entlasten.

2. Betrauern

Das Verstehen und Verzeihen ermöglicht es uns, den Kampf zu beenden und die Vergangenheit zu lassen wie sie war. Das eröffnet den Weg zu echter Trauer. Darüber zu weinen, dass es so und nicht anders – so wie wir es uns gewünscht hätten und noch immer wünschen – war, kann etwas sehr Lösendes und Erlösendes sein. Nur über das Zulassen der Trauer ist zu erreichen, dass wir nicht mehr am Vergangenen „herummachen" müssen. Echte Trauer dauert nicht ewig. Sie hat einen Anfang und ein Ende. Immer wieder zu jammern, rührt auch oft daher, dass die wirkliche Trauer, die tiefer schmerzt, als die fortgesetzte Jammerei, nicht zugelassen wird. Wird sie zugelassen, geht sie auch nach einiger Zeit zu Ende, und es bleibt ein versöhntes Gefühl zurück. Echte Trauer versöhnt.

3. Loslassen

Loslassen heißt, die Entscheidung zu treffen: „Ich lasse/wir lassen das los! Es soll endgültig vergangen sein!" Eine solche Entscheidung passiert nicht von selbst, sie ist ein bewusster Schritt. Wir dürfen nicht darauf warten, dass er sich von selbst vollzieht. Wir müssen ihn ganz bewusst tun. Das bedeutet auch, dass man gegen Selbstvorwürfe und Vorwürfe an den anderen bewusst vorgehen und sie manchmal abstoppen muss, wenn sie sich wieder melden. Das hat etwas mit Selbsterziehung zu tun: „Ich lasse diese Impulse nicht mehr zu! Wenn sie sich wieder melden, wende ich mich von ihnen ab und lenke meine Gedanken bewusst auf etwas anderes!" Ich behandle mich dann etwa so, wie ich es bei einem Kind mache, das in seinen Gefühlsäußerungen ausufert, herumschreit, unausstehlich wird usw.: Ich ziehe einen klaren Schlussstrich und lenke seine Aufmerksamkeit auf etwas anderes.

Wenn wir wissen, dass wir das brauchen und dass uns das hilft, können wir außerdem auch den Partner bitten: „Du, wenn ich wieder damit anfange, dann stoppe mich, indem du mir das verabredete Zeichen gibst oder diesen Satz sagst..." Derartige vereinbarte Zeichen und „Mini-Rituale" können auf die Dauer eine sehr heilsame Wirkung auf unsere Versöhnung mit der Vergangenheit ausüben, weil sie uns helfen, unser Urteilsvermögen zu stärken und die Dinge wieder so zu sehen, wie sie sind.

Verletzungen: „Das verzeihe ich dir nie..."

Das Gesagte gilt in ähnlicher Weise von Verletzungen, die sich die Partner gegenseitig zugefügt haben und die unerledigte Geschäfte sind, weil sie nicht verziehen wurden. Kaum etwas anderes kann die Beziehung des Paares in dieser Lebensphase der „Jungen Alten" derart belasten. Oft zeigt sich diese Belastung keineswegs dramatisch, sondern lediglich in einer gewissen Distanz der beiden Partner zueinander, die nie überwunden wird. Sie gehen gewissermaßen „zu zweit allein" ihrem Alter entgegen und sind einander fremd geworden, obwohl sie schon Jahrzehnte zusammen leben. Häufig ist es auch gar nicht so, dass diese Verletzungen im Bewusstsein der beiden deutlich präsent wären. Derjenige, der die Verletzung verursacht hat, denkt oft gar nicht mehr daran, weil er meint, das wäre längst „erledigt", und derjenige, der die Verletzung erlitten hat, spürt die nicht verheilte Wunde zwar noch, lenkt sich aber davon ab und drängt den Schmerz immer wieder weg, oft aus der verständlichen Absicht heraus, dass es endlich gut sein soll, dass es doch wohl nicht „so gemeint" war und dass man Dinge doch nicht so lange nachtragen soll. Aber dennoch ist „im Untergrund" die Verletzung noch da, und sie bewirkt geheimen Groll und versteckte Wut auf den anderen, die aber nicht zugelassen werden, weil man „in diesen alten Dingen" nicht ewig herumwühlen will...

Natürlich darf und soll vieles auch einfach vergessen sein und so auch tatsächlich in der Vergangenheit versinken. Aber es gibt Ereignisse, die man zwar auf diese Weise verschwinden lassen möchte, die das aber nicht zulassen. Beispiele: „Ich wollte das Kind unbedingt, aber ihr war der Beruf damals wichtiger, und sie hat es abtreiben lassen…" „Als wir unser Kind bekommen hatten, hat er mich völlig im Stich gelassen, obwohl es mir damals hundsmiserabel ging…" „In der ersten Zeit, als wir noch bei seiner Mutter wohnten, hat er mich vor ihrer Kritik nie in Schutz genommen und immer ihre Partei ergriffen…" „Als ich beruflich gerade vollständig überfordert war, hat sie eine Beziehung zu meinem besten Freund angefangen…"

Das sind Beispiele für Handlungen oder Unterlassungen des Partners, die im Herzen des anderen weiter „bohren", obwohl sie schon Jahrzehnte zurückliegen können. Sie wirken oft deshalb so lange nach und verschwinden nicht, weil sie nicht nur für sich gesehen sehr weh getan haben, sondern weil sie in einer besonders sensiblen Situation geschehen sind. Man hätte gerade damals den anderen, seinen Beistand, seine Verlässlichkeit dringend gebraucht. Darum war die Enttäuschung über das Tun oder Unterlassen des anderen so groß. Darum zerstörte es damals besonders viel. Und das Problem ist, dass das, was damals geschehen ist, jetzt nicht mehr ungeschehen gemacht werden kann, so sehr man sich das wünschen würde, und dass es – obwohl vergangen – in der Gegenwart immer noch heftig nachwirkt.

Bei vielen Paaren sind solche Verletzungen der Anfang vom Ende. Denn wenn das eine oder andere dann in der aktuellen Gegenwart noch hinzukommt, dann ist das der Tropfen, der das Fass zum Überlaufen bringt und den Schritt zum endgültigen „Aus" zur Folge hat. Aber auch wenn es dazu in der Vergangenheit nicht gekommen ist, wenn eine Trennung nicht vollzogen wurde, sondern beide weitergemacht haben – trotzdem bleibt das Geschehene ein „unerledigtes Geschäft", das im Leben des Paares trennend und entfremdend weiterwirkt.

In der Phase der „Jungen Alten" ist das dann häufig nicht mehr zu verleugnen. Denn jetzt hat das Paar weniger Möglichkeiten, die Verletzungen der Vergangenheit mit Tagesgeschäften zuzudecken und sich dadurch auch aus dem Weg zu gehen. Wenn man mehr Zeit hat, mehr zusammen ist und die Vergangenheit wieder mehr in den Blick kommt, tauchen auch diese Situationen wieder auf, und es wird offensichtlich, dass die alten Wunden nicht verheilt sind und nach wie vor Schmerzen bereiten. Wenn das so ist, wenn Partner das so erleben, ist dies ein untrügliches Zeichen dafür, dass jetzt eine Auseinandersetzung damit stattfinden muss. Auch wenn diese Verletzungen jahrlang zurückliegen, können sie weiterwirken, wenn sie nicht verziehen sind. Nur durch Verzeihen hören sie auf, störend in die Gegenwart des Paares hineinzuwirken. Wie soll das aber gehen – jahrelang, jahrzehntelang zurückliegende Verletzungen jetzt und heute zu verzeihen?

Um die möglichen Schritte dazu deutlich zu machen (Jellouschek 2005a, S. 69-88), greife ich ein relativ häufiges Beispiel heraus, um einen konkreten Bezugspunkt zu haben, das Beispiel einer Verletzung durch Untreue:

Karl hat in der Zeit seines aktiven Berufslebens ein paar Mal Außenbeziehungen gehabt. Kerstin ist damit recht großzügig umgegangen, aber eine, spürt sie, hat sie tief verletzt: Das war, als sie sich nach dem zweiten Kind entschlossen hatte, ganz zuhause zu bleiben, um die Kinder zu versorgen, und ihm, der gerade eine neue, sehr herausfordernde Stelle angetreten hatte, den Rücken freizuhalten. Da hat er die Beziehung zu seiner „ersten großen Liebe" wieder aufgenommen und hat mit ihr ein halbes Jahr lang im Geheimen ein intimes Verhältnis gepflegt – bis sie zufällig drauf stieß und ihn zur Rede stellte. Dieses Verhältnis hat sie so tief getroffen, dass sie sich trennen wollte. Um das zu verhindern, brach er die Beziehung ab und wandte sich wieder seiner Frau zu. Damit erreichte er, dass sie die Trennungsdrohung zurücknahm, aber die Affäre nimmt sie ihm auch heute noch übel. Und das spürt sie gerade jetzt wieder stark, seit die Kinder aus dem Haus, beide aus dem Beruf ausgeschieden und viel zusammen sind. Wenn sie miteinander streiten, hat sie bei jeder passenden und unpassenden Gelegenheit die Tendenz, ihn mit seiner Affäre von damals ins Unrecht zu setzen, was aber nur dazu führt, dass er Gegenvorwürfe macht oder die Auseinandersetzung abbricht und sie „im Regen stehen lässt".

Versöhnung – Anforderungen an den Verletzten

Was braucht es, um in solchen oder ähnlichen Fällen Verzeihen zu bewerkstelligen? Wir richten zunächst den Blick auf den, der verletzt wurde, also in unserem Fall auf Kerstin:

1. Sie als die Verletzte muss sich überhaupt darüber klar werden: *Will* ich ihm verzeihen? Verzeihen ist ein autonomer Akt und ist allein ihre Entscheidung (Kämmerer 2002). Das heißt: Durch niemanden und durch nichts, auch nicht durch Karl selbst kann dieser Schritt in ihr „bewirkt" werden, weder durch noch so perfektes Wohlverhalten seinerseits, noch durch irgendwelche Werke der „Wiedergutmachung". Karl kann schon etwas tun, um Kerstin das Verzeihen zu *erleichtern*, darauf kommen wir gleich weiter unten noch zurück. Aber „*bewirken*" kann er es nicht. Das heißt: Kerstin muss verzeihen „*wollen*". Wenn sie das nicht klar entschieden hat, wird die Verletzung weiter wirken.

2. Das heißt aber nicht: Die Verletztheitsgefühle, die noch da sind, nicht mehr wahrhaben wollen. Im Gegenteil: Der erste konkrete Schritt im Versöhnungsprozess besteht vielmehr darin, dass der Verletzte sich seine Verletztheitsgefühle eingesteht, sie – auch wenn die Tat schon weit zurückliegt – deutlich wahrnimmt und sie dem anderen auch klipp und klar mitteilt. Aus zwei Gründen könnte Karin in unserem Fall das vermeiden wollen: Einmal aus dem Impuls heraus „Nein, den Gefallen tu ich ihm nicht, ihm zu zeigen, wie mich das geschmerzt hat! Diese Blöße gebe ich mir nicht!" Oder – zum anderen – die Verletzung wird nicht mitgeteilt, weil der Betroffene sich selbst nicht ernst nimmt und etwa zu sich sagt: „Ich will doch nicht so kleinlich sein oder nachtragend, das hat er doch gar nicht gegen mich gemeint!" Der erste Fall ist die Weigerung, sich dem Partner gegenüber verletzlich und damit „klein" zu zeigen, im zweiten Fall macht sich der/die Verletzte selber klein, nimmt sich seine wahren Gefühle übel und verlangt eine Großzügigkeit von sich, die ihn überfordert. Der Versöhnungsprozess kann hingegen nur gelingen, wenn die wahren

Gefühle des Verletzten auf den Tisch kommen – durchaus auch erst Jahre später, wenn das früher nicht geschehen ist und wenn sie noch immer in der Seele „bohren". Sich die wahren Gefühle einzugestehen und sie dem anderen klipp und klar mitzuteilen, würde in unserem Fall von Kerstin zu Karl etwa heißen: „Dass du damals zu dieser Frau von dir aus Kontakt aufgenommen, dich mit ihr eingelassen hast, das hat mich tief verletzt, es schmerzt mich heute immer noch. Und wenn ich daran denke, dass du das verheimlicht, mir also so lange was vorgelogen hast, dann tut das immer noch schrecklich weh!" Damit wäre die reale Situation klar benannt und gleichzeitig eine Grundlage für alles weitere gelegt.

3. Die Dinge nochmals klipp und klar zu benennen, wie sie tatsächlich sind, ist das eine. Damit es in Richtung Versöhnung weitergehen kann, ist allerdings außerdem erforderlich, dass der Verletzte bereit ist, auf Rache am anderen zu verzichten. Rachegefühle, Rachegelüste und Rachehandlungen sind – zumal bei ähnlichen Verletzungen wie in Kerstins Fall – einerseits ganz und gar nachvollziehbar: Rache erscheint uns „süß", wir haben das Bedürfnis, dem andern das heimzuzahlen. Aber andererseits: Durch Rache geschieht keine Versöhnung. Kerstin könnte vielleicht selber fremdgehen und dann sagen: „So, jetzt habe ich es dir heimgezahlt!" und eine tiefe Befriedigung dabei empfinden. Die Beziehung wäre dadurch allerdings nicht wiederhergestellt, wahrscheinlich wäre sie sogar ganz zerstört. Wer verzeihen will, muss auf Rache verzichten, sonst ist die Gefahr sehr groß, dass sich der Teufelskreis weiterdreht: Rache provoziert Verteidigungsmaßnahmen und Gegenangriffe als Vergeltung. Auf politischer Ebene können wir das fast jeden Tag beobachten. Um aus solcherart Teufelskreisen auszusteigen, müsste Kerstin etwa sagen: „Ich wollte es dir immer wieder einmal heimzahlen, damit du spürst, wie das ist. Aber ich möchte das nicht mehr, es bringt niemandem etwas. Ich möchte, dass wir wieder zusammen finden!"

4. Um Rachegefühle loslassen zu können, hilft es sehr, wenn der verletzte Partner, über das Gesagte hinaus auch noch bereit ist, die Perspektive auch des „Täters" einzunehmen und von dort her das verletzende Geschehen noch einmal zu betrachten. Dazu müsste Kerstin sich fragen: Wie ist es dazu gekommen, dass Karl das getan hat? Nicht um sein Tun zu entschuldigen, aber um es besser zu verstehen. So wie es aus der Situation Kerstins mehr als verständlich ist, dass sie das Tun Karls verletzt hat, so gab es auch eine Situation Karls, die ihr, wenn sie den Blick darauf richtet, verstehbar macht, warum er damals so gehandelt hat. Beispielsweise könnte es sein, dass er sich durch einen Berufswechsel, den er damals vollzog, sehr verunsichert und in Frage gestellt fühlte und durch die Geliebte sein Selbstwertgefühl aufzubessern versuchte. Und es kann durchaus sein, dass Kerstin an dieser Situation Karls auch mitbeteiligt war: Weil sie beispielsweise sehr wenig Zeit für ihn hatte, weil sie für Sexualität immer wieder „zu müde" war und dergleichen mehr. Es gibt also auch ein Stück Eigenverantwortung auf ihrer Seite an dem verletzenden Geschehen. Wenn sie bereit ist, auf diese Weise die Perspektive Karls einzunehmen und sogar eine eigene „Mitbeteiligung" zu sehen – was ihr zugegebenermaßen einiges abverlangen mag – gewinnt sie daraus um so leichter Abstand zu den eigenen Vergeltungsgefühlen. Dieses neue Verstehen für das Handeln des andern, führt aus der Opfer-Täter-Perspektive mit allen damit verbundenen Rachegefühlen und -impulsen heraus.

Dieser zuletzt beschriebene Schritt ist in der Regel für den Verletzten besonders schwierig. Warum ist das so? Bei allem Verständnis für dessen Gefühle, ist eine Tatsache nicht zu übersehen: Die Opferposition verleiht auch Macht. Nicht verziehene Verletzungen können als äußerst wirksame Waffe gegen den Übeltäter über Jahre hin „aufbewahrt" werden. Denn dieser ist der moralisch Schmutzige, man selber ist – vor allem im Fall der Untreue – der oder die moralisch Saubere. Diese Waffe kann jedes Mal hervorgeholt werden, wenn der andere sich weiterer Fehltritte schuldig macht. Jederzeit kann ich dem anderen damit etwas

heimzahlen. Wenn Kerstin die „Opferposition" und die Rachegefühle aufgibt, lässt sie diese Waffe los und begibt sich damit gewissermaßen in eine ohnmächtige Position Karl gegenüber. Das
verursacht zusätzlichen Schmerz, schafft aber die unmittelbare
Voraussetzung für den nächsten Schritt, den Schritt des eigentlichen Verzeihens.

5. Kerstin würde diesen Schritt tun, wenn sie zu Karl sagen könnte: „Ich lasse die Verletzung jetzt los. Ich verzeihe dir und nehme
dir das nicht mehr übel!" In der Regel wird es nötig sein, so einen
Satz nicht nur in Gedanken zu formulieren, sondern irgendwann
auch ausdrücklich und im direkten Augenkontakt mit dem anderen. Denn erst mit dem Aussprechen „geschieht" es dann, wird
es erst wirklich. Und wie schon gesagt: Verzeihen ist ein Willens-
akt, zu dem sich der Verletzte entschließen muss, und der Ent-
schluss vollendet sich häufig erst im direkten Aussprechen.

Dabei ist eines zu beachten: Dieser Akt des Verzeihens bedeutet nicht ohne Weiteres: Jetzt lieben wir uns wieder. Das Verzeihen schafft wohl neue Offenheit für den andern, aber es bedeutet
zunächst und in erster Linie: „Ich trage es dir nicht mehr nach!"
Es heißt aber noch nicht unbedingt, dass wieder eine neue Beziehung zueinander möglich ist. Die Beziehung kann an dieser Stelle
auch zu Ende sein. Dem anderen seine Verletzung nachzutragen,
bedeutet ja noch immer eine Bindung an ihn, wenn auch in nega-
tivem Sinn. Wenn ich diese Negativ-Bindung aufgebe, heißt das
noch nicht, dass eine positive Beziehung wiederhergestellt ist. Es
kann sich dadurch auch herausstellen, dass gar keine mehr existiert. Wahrscheinlich verzeihen viele Partner gerade deshalb einander nicht, weil sie vor der Leere, die dann entstehen kann, Angst
haben: Lieber sind sie mit dem Partner in Hassgefühlen weiter verbunden, als gar nicht mehr... Wer verzeiht, riskiert also, dass die
alte Bindung vollständig zu Ende ist. Dass dies auch sehr heilsam
sein kann, leuchtet unmittelbar ein bei Paaren, die sich wegen
solcher Verletzungen getrennt haben und durch einen Prozess des
Verzeihens dahin gelangt sind, als Eltern in Bezug auf die Kinder

loyal und kooperativ zusammenzuwirken, obwohl die Paarebene zwischen ihnen nicht mehr existiert.

„Ich lasse meine Verletzung jetzt los. Ich verzeihe dir und trage dir das nicht mehr nach!" – Wenn solche Sätze gesprochen werden, geschieht es – gemessen am „Ende der Beziehung" – allerdings viel häufiger, dass dieses verzeihende Loslassen der negativen Gefühle und die neue Offenheit auf den anderen hin, die dadurch bewirkt wird, auch wieder einen Weg zueinander ermöglicht. Die Liebe bekommt wieder Raum, und ein Neuanfang wird möglich.

Betroffene Leserinnen und Leser höre ich jetzt förmlich stöhnen oder ärgerlich werden: „Jetzt bin ich schon so verletzt worden, und dann wird dazu noch die ganze Last der Versöhnung mir aufgebürdet! Das geht ja so wirklich nicht." Ich möchte hier um ein wenig Geduld bitten: Im weiteren Verlauf wird auch der Teil des Verletzers ausführlich zur Sprache kommen. Warum ich zuerst den Teil des Verletzten in dieser Weise beschrieben habe, hat aber einen wesentlichen Grund: In der Liebesbeziehung lassen sich Verletzungen vom schuldig Gewordenen nicht wieder gut machen. Es handelt sich hier nicht in erster Linie um eine Verletzung der Partnerschafts-Beziehung, die man mit „Ausgleichsleistungen" auch wieder gut machen kann, ähnlich wie wenn ich mein Schuldkonto beim andern durch „Einzahlung" wieder ausgleiche. Es handelt sich hier vielmehr um eine Verletzung der Liebes-Beziehung, und je schlimmer die Verletzung der Liebe ist, desto mehr ist der Verletzer auf das Verzeihen des Verletzten angewiesen. Hier gibt es keinen „Ausgleich", der „objektiv" die Sache wieder gut machen würde. Gerate ich auf dem „Liebeskonto" des anderen in Schuld, kann dieses „Konto" nur ausgeglichen werden, wenn der, an dem ich schuldig geworden bin, mir verzeiht. Ob er das will oder nicht, ist allein seine Sache, sein autonomer Akt.

Versöhnung – Anforderungen an den „Täter"
Allerdings ist damit nicht gesagt, derjenige, der verletzt hat, der „Täter", könnte nichts tun, dem Verletzten diesen Schritt zu erleichtern. Nein, er kann eine ganze Menge dazu tun! Damit sind

wir beim Anteil des Verletzers am Versöhnungsprozess angelangt, dem wir uns nun zuwenden. Womit kann er den Akt des
Verzeihens demjenigen, der ihn zu vollziehen hat, ermöglichen
oder wenigstens erleichtern?

1. Der größte Fehler, den „Täter", machen können, passiert meist
gleich am Anfang der Auseinandersetzung. Er besteht – wieder
im Blick auf unser Beispiel – darin, dass Karl auf Kerstins Aussage
„Damit hast du mich verletzt" mit Ausflüchten oder Gegenvor-
würfen reagiert: „Aber das wollte ich doch gar nicht...", „Ich hab
mich ja nur deshalb auf sie eingelassen, weil...", „Du warst ja damals auch so abweisend zu mir..." und dergleichen. Mit dem, was
er dabei inhaltlich mitteilt, kann er durchaus richtig liegen. So wie
er es aber vorbringt – entschuldigend, verteidigend und rechtferti-
gend – veranlasst er den Verletzten, also hier Karin, nur noch mehr,
auf ihrer Verletzung zu bestehen und neue Argumente zur Verstär-
kung aufzufahren. Sogleich ist damit der Versuch, eine Versöhnung
zustande zu bringen, in einen neuen Kreislauf von Vorwurf und Gegenvorwurf umgeschlagen, der alles nur noch schlimmer macht.
Das heißt: Was für Karl ansteht, ist, dass er einfach zugibt: „Ja, ich
habe dich damit verletzt. Ich wollte es vielleicht nicht... Ich konnte vielleicht nicht anders... Ich habe falsch eingeschätzt, was es für
dich bedeutet... Aber ich sehe und kann nachfühlen, dass das damals für dich sehr verletzend war!" Er sagt damit: „Ob ich es bewusst wollte oder nicht, ob es Gründe für mein Handeln gab oder
nicht – ich bin mit meinem Tun an dir schuldig geworden."
    Warum fällt es vielen so schwer, das einzugestehen? Hier sind
wir nun auf der Seite dessen, der verletzt hat, beim Thema „Ohnmacht": Wer eine Liebesbeziehung verletzt hat, spürt, dass er auf
das Verzeihen des anderen angewiesen, also in diesem Punkt ohn-
mächtig ist. Ohnmacht und Angewiesenheit auf den andern einzugestehen, das ist allerdings nicht leicht!

2. Das Eingeständnis und die Übernahme der Verantwortung für
das Geschehene ohne Ausflüchte und Entschuldigungen macht

es in der Regel dem Verletzten schon sehr viel leichter, den Schritt des Verzeihens zu tun. Noch einen Schritt weiter hilft die ausdrückliche Bitte um Verzeihung. Karl in unserem Fall könnte zum Beispiel ohne „Wenn" und „Aber" einfach sagen: „Ja, ich habe dich damals sehr verletzt, es tut mir leid, bitte verzeih mir!" Ich erlebe häufig, dass auch dieser Schritt der ausdrücklichen Bitte um Verzeihung vielen sehr schwer fällt. Er bedeutet, dass ich meinen Selbstschutz aufgebe, er bedeutet einen Akt der Demut und – in gewisser Weise – dass ich mich dem anderen noch ein Stück weiter „ausliefere". Viele Verletzte aber sehnen sich danach, einen solchen Satz vom Partner zu hören. Wenn er endlich die Bastion der Selbstverteidigung verlässt, wird es auch ihnen leichter möglich, die Bastion ihrer Verletztheit und Rachefantasien zu schleifen und sich wieder zu öffnen. Das Eingeständnis meines verletzenden Tuns und die Bitte um Verzeihung darum sind also entscheidende Schritte von Seiten des Verletzers.

3. Überdies kann es noch sehr hilfreich sein, wenn der „Täter" bereit ist, auch seinerseits einen Perspektivenwechsel zu vollziehen. Also in unserem Fall, wenn Karl – ebenfalls statt sich herauszureden und Gegenargumente zu bringen – nochmals genau hinhört und versucht, durch einfühlsame Fragen die damalige Lebenssituation von Kerstin nachzuvollziehen, und damit tiefer zu verstehen, was genau das Verletzende an seinem Verhalten war. Vielleicht hört er dann zum ersten Mal, dass womöglich die Tatsache des Fremdgehens sogar weniger verletzend für Kerstin war, als der Umstand, dass er das so lange geheimgehalten und sie in der Zwischenzeit ständig angeschwindelt und belogen hat, wenn er sich mit der Geliebten zu treffen beabsichtigte. Dieses genaue Verstehen kann sowohl die Bitte um Verzeihung als auch den Akt des Verzeihens selbst sehr erleichtern.

Wiedergutmachung im Tun
Wenn einer der Partner oder beide über das bisher Gesagte hinaus noch das Bedürfnis nach einem ausdrücklichen Akt der „Wieder-

gutmachung im Tun" haben, kann dies den Prozess ebenfalls noch ein Stück weiter abrunden und einen „greifbaren" Schlusspunkt setzen. „Wiedergutmachung im Tun" bedeutet, dass das Paar eine Art „Sonderleistung" des „Täters" vereinbart, mit der dieser konkret und greifbar zum Ausdruck bringen kann, dass es ihm wirklich ernst ist: Indem er beispielsweise dem Verletzten einen lang gehegten Wunsch erfüllt, ihm ein besonderes Geschenk macht, oder etwas dergleichen.

Dabei sind allerdings zwei Dinge zu beachten: Das „Werk der Wiedergutmachung" kann zwar vom „Schuldigen" vorgeschlagen, muss aber vom Verletzten ausdrücklich als „gültige" Wiedergutmachung anerkannt werden, mit der die Sache dann auch ein für alle Mal erledigt ist: „Ja, ich freue mich, wenn du das für mich tust! Und damit soll es auch gut sein". Wenn das nicht geschieht, besteht die Gefahr, dass der Verletzte ein destruktives Spiel beginnt, indem er die „Leistungen" des Schuldigen als „letztlich doch immer nicht genug" einstuft, er also seine Rachegefühle wieder hervorholt und damit alles verdirbt.

Das zweite: Eine solche Wiedergutmachung im Tun kann immer „nur" symbolischen Charakter haben. „Ich tue das für dich, gebe dir das als Zeichen dafür, dass es mir wirklich ernst ist". Es ist also nie eine Wiedergutmachung in einem geschäftlichen Sinn: „Du bist in meiner Schuld, also musst du mir das und das zahlen, dann ist die Schuld getilgt" – So funktioniert es in Liebesdingen nicht! Wenn ich eine Schuld im ökonomischen Sinn – beispielsweise durch Rückzahlung– getilgt habe, sind wir quitt. Hinsichtlich einer Schuld in persönlichen Beziehungen kann ich nie „quitt" sein, es sei denn durch das Verzeihen des anderen! Eine vereinbarte Wiedergutmachung im Tun kann dieses fördern und erleichtern – mehr nicht, ähnlich wie auch ein ausdrücklicher „Handschlag" als äußeres Zeichen helfen kann, einen solchen Schlusspunkt zu setzen. Der Versuch, daraus einen „Tilgungsmechanismus" zu machen, muss aber fehlschlagen.

Zusammenfassend möchte ich sagen, dass ich mich an viele Situationen erinnere, in denen es Partnern möglich wurde, in der beschriebenen Weise mit vergangenen, aber immer noch wirksamen Verletzungen umzugehen, in denen sie bereit waren, das alte Geschehen nochmals hervorzuholen, es nochmals im Licht der Äußerungen des Partners neu zu verstehen, und in denen sie um Verzeihung gebeten und sich Verzeihung gewährt haben und bereit waren, dies auch noch mit einer konkreten Wiedergutmachung und/oder mit einem feierlichen Handschlag zu besiegeln: Es war jedes Mal eine große Befreiung wie von einer schweren Last. Der Weg für einen neuen Anfang war frei und es wurde möglich, den Aufbruch in die Altersphase im Gefühl neuer Verbundenheit miteinander zu beginnen oder weiterzugehen.

Wenn man den „Wald vor lauter Bäumen nicht mehr sieht..."

Auf eine große Schwierigkeit, die sich bei dieser „Versöhnung mit der Vergangenheit" ergeben kann, möchte ich allerdings noch eingehen: Ich hatte schon mit Paaren zu tun, die einander so viele gegenseitige Verletzungen vorzuwerfen hatte, dass es so gut wie unmöglich war, darauf im Einzelnen einzugehen. Dennoch aber wollten sie jetzt – am Beginn ihrer Altersphase – beisammen bleiben und suchten dafür einen Neuanfang. Ein schierer Urwald tat sich hier auf, in dem wir immer wieder hängen blieben, weil vieles nicht mehr zu klären war und das wechselseitige Aufrechnen immer wieder von Neuem begann. Wo es zu ähnlichen Schwierigkeiten kommt, können vielleicht die folgenden beiden Überlegungen weiterhelfen:

1. Häufig sind die vielen Verletzungen „von derselben Sorte". Diejenigen, die zum Beispiel die Frau erlitten hat, haben immer zu tun mit „Er hat mich mit allem, was die Familie anging, allein gelassen", die des Mannes jeweils mit „Immer hat sie den Kindern Vorrang gegeben!" Wenn dieses Gemeinsame in den einzelnen erzählten Geschichten in dieser Weise deutlich wird, könnten die beiden sich darauf einigen, jeweils ein besonders typisches Beispiel dafür herauszugreifen. Mit diesem können sie dann in der vorgeschlagenen Weise wechselseitig verfahren. Das typische Einzelne

steht dann symbolisch für das Ganze, das die Verletzung ausmacht. Indem dieses in der beschriebenen Weise behandelt und verhandelt wird, ist alles andere Einzelne mit darin enthalten. „Pars pro toto" – der Teil für das Ganze – das kann hier eine wirksame Strategie sein.

Darüber hinaus könnte gerade in einem solchen Fall zusätzlich ein symbolisch-ritueller Akt eine Hilfe dazu sein, mit dem „Teil" das „Ganze" der Versöhnung zu schaffen: Beide finden ein Symbol für ihre Verletzungen. In dem genannten Fall könnte es etwas sein, das „Rücksichtslosigkeit auf die Bedürfnisse des Partners" zum Ausdruck bringt, beispielsweise zwei Steine, einer für die Verletzungen der Frau, einer für die des Mannes. Zum Abschluss ihres Versöhnungsprozesses könnten sie in einer gemeinsamen Aktion diese beiden Steine in einem Fluss versenken – als Zeichen dafür, dass das gegenseitige Vorhalten und Aufrechnen damit nun ein Ende hat.

Manchem mag solches Vorgehen fremd erscheinen und er mag sich fragen: „Was soll dieser Hokuspokus!?" Dazu sagt meine Erfahrung: Geschehene Verletzungen lassen uns gerade deshalb so hilflos zurück, weil wir diesbezüglich über keine Handlungsmöglichkeiten mehr verfügen. Darum hilft es uns, wenn wir ein symbolisches Handeln wie das beschriebene finden. Das vergangene Geschehen, das sich unserem Zugriff sonst entzieht, wird dadurch wieder handhabbar im wahrsten Sinne des Wortes und dies hilft unserer Seele, es zu bewältigen.

2. Eine zweite Möglichkeit, wenn allzu viele Verletzungen aus der Vergangenheit zusammenkommen und ständig eins mit dem andern aufgerechnet wird, kann auch die folgende sein: Die beiden Partner könnten zu dem – vermutlich sehr zutreffenden Schluss – kommen: „Du hast mir viel angetan, ich habe dir viel angetan. Wir sind uns nichts schuldig geblieben! Es soll nun genug sein. Statt es uns weiter gegenseitig vorzuhalten und aufzurechnen, statt darüber immer weiter zu streiten und uns zu verletzen, lass uns doch gemeinsam einen dicken Strich darunter machen!" Die beiden

gestehen sich hier ein: Wir haben in den vergangenen Jahren einen Ausgleich immer wieder dadurch versucht, dass der eine dem andern heimgezahlt hat, was seinem Empfinden nach der andere ihm angetan hat. Dieser „Ausgleich im Bösen" führte nicht aus der Eskalation heraus. Also lass uns das durch den „Strich unter das Ganze" einfach beenden!

Auch dieses Beenden könnte dann noch rituell symbolisch begangen werden, indem die beiden beispielsweise einen großen verknoteten Knäuel aus verschiedenfarbigen rauen Fäden zusammenwickeln, diesen dann nehmen und auf irgendeine nachdrückliche Weise verschwinden lassen durch Vergraben, Verbrennen oder Ähnliches. Hier geht es gar nicht mehr um das „Einzelne". Vielmehr wird die wechselseitige Destruktivität „als solche" zum Thema gemacht und eine gemeinsame Entscheidung gefällt, einfach „damit aufzuhören". Wenn sich unter dem ganzen „Hickhack" in der Geschichte des Paares noch ein Stück Liebe lebendig gehalten hat – was erstaunlich oft der Fall ist! – und wenn das Paar die Kraft hat, für sich anstelle der täglichen Kämpfe ein anderes und konstruktiveres „Drittes" im Sinn von Kapitel 2 zu finden, kann dies die gesamte, oft wirklich verzweifelte Situation des Paares tatsächlich noch zum Positiven wenden.

Vielleicht ist manchen Lesern bei diesen Ausführungen und Vorschlägen der Gedanke gekommen: Ach, wie sollen wir beide – mit unseren Verletzungen! – so etwas schaffen! Da werden wir uns nur wieder in neue Streitereien mit neuen Verletzungen verwickeln! – Dies kann eine sehr berechtigte Befürchtung sein. Wenn sie sich in dieser oder ähnlicher Weise meldet, könnte das ein wichtiger Hinweis darauf sein: Wir brauchen für unseren Versöhnungsprozess einen Dritten, einen Vermittler, einen, der uns beiden hilft, unsere Absicht – endlich versöhnt miteinander zu sein – zu verwirklichen. Paartherapeuten und -berater könnten solche Vermittler sein. Sie sind dafür ausgebildet und können bei solchen Anliegen darum auch aufgesucht werden!

Familienkonflikte: Kein Kontakt mehr...

Eine Verletzungssituation besonderer Art besteht, wenn die Beziehung zu den erwachsenen Kindern so konfliktreich geworden ist, dass der Kontakt zueinander sehr eingeschränkt oder sogar abgebrochen wurde, entweder von den Kindern oder auch von den Eltern. Damit ist oft auch der Kontakt der Großeltern zu ihren Enkelkindern unterbunden, was für diese sehr schmerzhaft ist und für beide einen großer Verlust an Lebensqualität bedeutet.

Allerdings scheint dies kein typischer Konflikt zu sein, mit dem die heutigen „Jungen Alten" konfrontiert sind. Charakteristisch ist vielmehr für sie, dass sie in der großen Mehrzahl guten und kontinuierlichen Kontakt zu den erwachsenen Kindern haben und dass ihre Enkel bei ihnen ein und aus gehen. Häufig halten die erwachsenen Kinder auch von sich aus die Verbindung zu den Eltern und kümmern sich um ihr Wohlergehen, und sehr oft wünschen sie sich aufgrund der Berufstätigkeit der Frauen sogar, die Großeltern würden noch häufiger für die Enkel „zur Verfügung" stehen. Generationenkonflikte stehen heute nicht mehr im Vordergrund (Schenk 2005, S. 80-96). Das ist sehr zu begrüßen und ein großer Fortschritt im Vergleich zur eigenen Generation. Die „Jungen Alten" sind ja die „Achtundsechziger", die in den sechziger- bis achtziger Jahren des hinter uns liegenden Jahrhunderts – oft im Zusammenhang mit Kriegs- und Nazizeit – schwierige Konflikte mit ihrer eigenen Elterngeneration auszutragen hatten, die bei ihnen selbst nicht selten schmerzende Narben der Unversöhntheit bis heute hinterlassen haben. Deshalb wollten sie es mit ihren eigenen Kindern besser machen, und alle Statistiken zeigen, dass ihnen das oft auch sehr gut gelungen ist.

Dennoch tauchen anhaltende und sich wiederholende Konflikte mit der jüngeren Generation natürlich auch heute immer wieder auf. Auch sie gehören zu den „unerledigten Geschäften", die manche „Alten" nicht zur Ruhe kommen lassen, wie übrigens auch nicht die „Jungen", nur haben die um diese Zeit noch mehr Möglichkeiten, sich davon durch ihre eigene „beschäftigte" Lebens-situation abzulenken. Es gibt nicht viel, was alternde Paare mehr schmerzt, als der versperrte Zugang zu den erwachsenen Kindern und – damit zusammenhängend – der „Enkel-Entzug" (Schmid-bauer 2005, S. 77). Ein versöhnter, liebevoller Kontakt zur den nach-folgenden Generationen gibt das Gefühl, einen wesentlichen Auf-trag erfüllt und das Leben nicht nur im biologischen, sondern in einem umfassenden Sinn weitergegeben zu haben. Auch wenn es nötig ist, dass Paare in diesem Alter ihr eigenständiges sinnerfüll-tes Leben führen, das nicht vom Wohl oder Wehe der nachfolgen-den Generation abhängig ist, fühlen sie sich doch eines wesentli-chen Sinngehalts beraubt, wenn sie mit diesem Zerwürfnis leben müssen, und darum ist dies auch ein Thema, das hier zur Sprache kommen soll.

Häufig geht dem Verstummen oder der weitgehenden Reduzie-rung des Kontakts zwischen den Generationen voraus, dass Kon-flikte aufgetaucht sind, die keiner guten Lösung zugeführt werden konnten. Bei den Auseinandersetzungen griff man sich gegensei-tig an, verteidigte sich gegeneinander, eskalierte dabei immer wei-ter, bis schließlich der Streit so verfahren war, dass man meinte, ihn nur noch durch Kontaktabbruch vermeiden zu können: als Schutzmaßnahme sozusagen, um nicht immer wieder in den alten eskalierenden Teufelskreis hineinzugeraten.

So beobachtete ich es in der Familie eines mittelständischen Unternehmers. Sohn und Tochter waren der Meinung, die Eltern müssten sich jetzt endlich aus dem Unternehmen ganz zurück-ziehen. Offiziell war die Übergabe bereits erfolgt, aber der Vater hielt sich immer noch den ganzen Tag in seinem alten Büro auf und mischte sich häufig ein, was den Sohn verständlicherweise in Wut versetzte. Ein entspannter Austausch darüber war deshalb aber nicht möglich. Die Mutter managte immer noch den ange-schlossenen Einzelhandelsladen, sodass sie oft völlig erschöpft war, wenn ihr die Tochter wie vereinbart ihre Kinder zur Betreu-ung brachte. Das machte diese wiederum wütend und veranlasste sie, die Kinder nicht mehr bei der Oma abzugeben, was wiederum diese zutiefst mit Schmerz erfüllte.

Eine Lösung kann bei dieser Konfliktlage nur darin bestehen, dass Eltern und erwachsene Kinder neue Wege suchen, wieder ins Gespräch miteinander zu kommen, und zwar auf eine konstruktive Weise. In dem erwähnten Fall wurde es durch die Intervention des Therapeuten möglich, dass der erwachsene Sohn dem Vater sein Anliegen als dringende Bitte aus ernsthafter Sorge um dessen Gesundheit einerseits und das Gedeihen des Geschäfts andererseits nahe bringen konnte – anstatt wie bisher als harte, mit Abwertungen garnierte Forderung. Dem Vater wiederum war es möglich, dem Sohn verständlich zu machen, warum es für ihn so schwer war loszulassen: Er hatte wegen des frühen Todes seines eigenen Vaters das Unternehmen schon in sehr jungen Jahren übernehmen müssen und mit dem Einsatz fast übermenschlicher Kräfte war es ihm gelungen, mehrere existenzbedrohende Krisen durchzustehen. Jetzt einfach alles „loszulassen", das – konnte er offen zugeben – fiel ihm unendlich schwer, obwohl er das Anliegen seines Sohnes durchaus als „vernünftig" ansah. Die Tochter wiederum hörte in diesem Gespräch zum ersten Mal von ihrem Vater, wie sehr er ihre frühere Mitarbeit im Unternehmen schätzte, was sie zu Tränen rührte, weil sie bisher der Meinung gewesen war, der Vater hätte sie gar nie wirklich in ihrem Bemühen wahrgenommen, geschweige denn irgendetwas Positives an ihren Fähigkeiten gefunden. Ihrer Mutter konnte sie außerdem deutlich machen, dass sie ihr nur zu gerne – aufgrund ihrer eigenen beruflichen Auslastung – ihre Kinder überlassen würde, aber dass sie dazu eine Oma brauche, die auch die Kapazität dafür hat, damit sie nicht jedes Mal fürchten müsse, sie mit der Übergabe ihrer Kinder an den Rand des Zusammenbruchs zu bringen.

Der Fall erscheint mir deshalb so typisch, weil es sehr häufig zu Kontaktabbruch und „Enkel-Entzug" kommt, wenn berechtigte und nachvollziehbare Wünsche und Anliegen, die Eltern und Kinder aneinander haben, in Form von Vorwürfen und Abwertungen vorgebracht werden. Vorwürfe erzeugen Gegenvorwürfe – und damit beginnt sich der bekannte „Teufelskreis" zu drehen, den die Beteiligten nur dadurch zu Ende zu bringen vermögen, dass sie den Kontakt zueinander völlig abbrechen, wodurch dann der schreckliche Graben zwischen den Generationen aufreißt. Wieder in ein echtes Gespräch kommen heißt demgegenüber, wie schon in anderem Zusammenhang in Kapitel 1 dargelegt, sich zu fragen: Was ist eigentlich mein Wunsch „hinter" meinem Vorwurf? Wenn mir das deutlich wird, kann ich leichter dafür sorgen, diese „eigentliche Botschaft" dem andern gegenüber direkt zu formulieren. Dann wird dem Adressaten das eigentliche Anliegen, die eigentliche Bitte deutlich. In aller Regel haben die ihre Berechtigung und können auch so vom anderen gehört und beachtet werden. Immer wieder machen Menschen diesen Fehler: Sie rüsten auf durch Forderung und Vorwurf – und dann beginnt der Kampf. Viel wirksamer wäre es, auf die Rüstung zu verzichten und sich einander „weich" – mit den wirklichen Bedürfnissen – zu zeigen. Es war für mich erstaunlich, wie schnell sich in dem geschilderten Fall die anfangs völlig verfahrene Situation entspannte und echte Lösungen auf mehreren Ebenen – betrieblich und familiär – möglich wurden.

Aber ist das wirklich so leicht zu schaffen? Es ist nicht immer leicht, aber es besteht kein Grund, der Resignation hier das Feld zu überlassen. Für das Paar in der dritten Lebensphase bedeutet es Lebensfreude und Sinnerfüllung, ihr Eigenes an die Kinder und Enkel weitergegeben zu haben und zu ihnen einen kontinuierlichen liebevollen Kontakt zu pflegen. Der Kontaktabbruch oder die extreme Kontaktreduzierung sind für alle drei Generationen eine schlimme Einbuße an Lebensqualität. Sich nicht auf das „Hohe Ross" des „Rechthabens" zu setzen, sondern dem andern sein Herzensanliegen wirklich zu „zeigen", macht uns zwar verwundbar – darum verschanzen wir uns immer wieder leichter hinter Vorwürfen – aber es ist der einzige Weg, und es ist ein möglicher Weg, der wieder zueinander führt.

Nachkriegs-Vergangenheit: Kriegskinder-Schicksale

Die bisher besprochenen „unerledigten Geschäfte" stammen aus früheren gemeinsamen Jahren des alternden Paares. Nun wenden wir uns der davor liegenden Geschichte der Partner zu, der ebenfalls im Dritten Lebensalter wieder eine besondere Bedeutung zukommen kann. Die Blickrichtung geht also jetzt in die Zeit, in der die heutigen „Jungen Alten" Kinder waren: die Kriegs- und Nachkriegszeit in Deutschland. Die Kinder und Jugendlichen von damals sind heute die „Generation 60 plus", ihre Eltern haben den Zweiten Weltkrieg als Erwachsene erlebt, überlebt oder sind in den Kriegswirren damals umgekommen. Was es bedeutet, Kind dieser Elterngeneration gewesen zu sein, ist lange Zeit zweifellos zu wenig beachtet worden (Bode 2007). Man wollte in den Aufbaujahren nach 1945 nicht mehr auf die Gräuel dieser Zeit zurückschauen und die Kriegskinder waren ja im Vergleich zu ihren Eltern noch ganz gut weggekommen. Der Blick war nach vorne gerichtet – in eine hoffentlich bessere Zukunft. Altersforscher finden in letzter Zeit immer häufiger heraus, dass gerade jetzt, da die Kriegskindergeneration aus dem aktiven Berufsleben ausscheidet und mit Existenzaufbau, Lebenssicherung und Kindererziehung nicht mehr intensiv beschäftigt ist, diese alte Zeit der eigenen Kindheit wieder relevant wird und alte, längst versunken geglaubte Erlebnisse und Traumata die Menschen wieder zu bedrängen beginnen. Dies hat natürlich auch Auswirkungen auf die Paarbeziehung. Wenn es miteinander ausgetauscht, nochmals angeschaut und besprochen werden kann, kann das für die Partner auch eine große Bereicherung werden: Man lernt ein wichtiges Stück vom Leben des anderen kennen, kommt ihm dadurch nochmals näher und versteht einander tiefer. Aber das Wiederauftauchen der Kindheit im Leben des „Jungen alten Paares" kann auch schwerwiegende Probleme mit sich bringen.

Ein Fall aus der Praxis

Arno und Edith sind seit zwanzig Jahren ein Paar. Arno ist ein-undsiebzig, Edith fünfundfünfzig Jahre alt. Es ist seine zweite, ihre erste Ehe. Sie streiten häufig, die Streits enden oft mit argen Verletzungen und abrupten Abbrüchen seinerseits. Darum sind sie in die Paartherapie gekommen, und es hat diesbezüglich auch einige Fortschritte gegeben. Allerdings jetzt, am Anfang der fünften Stunde, hängt der Haussegen wieder gründlich schief. Abweisend geht der Blick des Mannes ins Weite. Der Blick der Frau geht hilflos zwischen mir und ihm hin und her. Sie versucht zu erklären, was vorgefallen ist. Es ist – aus ihrer Sicht – aus völlig nichtigem Anlass gerade vorhin zu einem Riesenkrach gekommen. Sie ist vom Büro nachhause gekommen, Arno hat sie auf einen Anruf für sie auf dem Anrufbeantworter aufmerksam gemacht, den sie nach dem Essen abhören sollte. Das tat sie dann auch, es war eine wichtige Information wegen einer Vermietung. Deshalb sagte sie zu ihm: „Das hättest du mir doch gleich sagen können, worum es da geht." Diese Aussage löste bei ihm einen völlig unerwarteten Wutanfall aus und führte nach einigem Hin und Her zum totalen Kontaktabbruch und Rückzug auf sein Zimmer. Sie ist ihm nachgelaufen, aber ihre Versuche, ihn zu einer Erklärung zu bewegen, führten nur zu weiteren brüsken Abweisungen und noch hartnäckigerem Schweigen. Und so seien sie nun hier. Und so ginge es ihnen übrigens öfter: Aus nichtigen Anlässen würde er in solche Wut ausbrechen und sich anschließend abrupt von ihr zurückziehen. Das vor allem könnte sie kaum aushalten, das sei für sie ganz besonders schlimm. Sie müsste dann unter Qualen warten, bis er irgendwann wieder von sich aus käme, das könne manchmal lange dauern, und dann würde er einfach zu Alltagsdingen übergehen, und geklärt sei nichts – und irgendwann käme es dann zum nächsten Krach. Eigentlich würden sie sich sehr lieben, aber diese Vorfälle würden ihre Beziehung in den Grundfesten erschüttern...

Während sie so redet, schaut er immer noch starr in die Ferne. Ich frage vorsichtig bei ihm nach, wie er die Situation sehe. Noch sehr gekränkt antwortet er: Der Anlass sei alles andere als nichtig gewesen. Er habe sich das mit der Information wohl überlegt, dass er sie damit nicht gleich überfallen wollte. Denn sie habe sich schon öfter beklagt, wenn er sie gleich mit solchen Sachen überschüttete. Sie brauche Zeit, Ruhe und Entspannung, wenn sie müde und gestresst von der Arbeit heimkäme, hätte sie dann betont. Darum habe er das alles so arrangiert, dass er sie ja nicht überfordere – und jetzt wäre es wieder nicht recht. Er könne sich noch so bemühen – er könne es ihr einfach nicht recht machen. Wie er es auch mache, es sei immer falsch. Und das ließe eine solche Wut in ihm hochschießen, dass er dann jeden Kontakt abbrechen und sich zurückziehen müsse, damit nicht Schlimmeres passiere.

Es geht also um das Thema: „Sich bemühen, es dem anderen recht zu machen, und dann trotzdem nicht die verdiente Anerkennung dafür zu bekommen." Auf Nachfrage, ob er das Thema auch aus anderen Zusammenhängen kenne, sagt er, das sei ihm öfter schon so gegangen, und er erzählt eine besonders krasse Situation aus seinem früheren Berufsleben, wo er aus Wut sogar abrupt gekündigt und damit seine berufliche Existenz aufs Spiel gesetzt hatte. Während er davon erzählt, entsteht etwas Distanz zu dem eben Vorgefallenen und damit ein Stück Entspannung. Er selber verwendet nun das Wort „Überreaktion". Hier wie dort hätte er zweifellos überreagiert. Und eigentlich sei es ihm selbst ein Rätsel, warum er da so extrem reagiere.

Das gibt mir die Erlaubnis, weiter zu fragen. Da ich am Anfang der Therapie immer einige Informationen über die Familiengeschichte einhole, weiß ich von ihm, dass er der Älteste von vier Brüdern ist und sein Vater die ganze Zeit über im Zweiten Weltkrieg war. Ich frage ihn, ob er ähnliche Gefühle schon aus seiner Familiensituation kenne. Er bestätigt das: Als Reaktion auf das Unrecht, das ihm da geschehen sei. Ich ermutige ihn, darüber mehr zu erzählen. Sein Vater war ja die ganze Zeit beim Militär im Einsatz. Diese ganzen Jahre über habe er als Ältester, aber immerhin noch als sehr kleiner Junge, der Mutter beigestanden, so gut er konnte. Dann kam der Vater zurück, und dann sei er ins Internat gesteckt worden, wahrscheinlich, weil er noch einen kleinen Bruder bekommen hat und nun zuhause „zu viel war". Das Essen im Internat war schrecklich, es gab häufig Schläge von den Erziehern, aus jedem Anlass sei geprügelt worden. Er habe sich nachhause gesehnt, aber alle seine Bitten seien von den Eltern nicht berücksichtigt worden. In solchen Situationen wäre genau die selbe ohnmächtige Wut in ihm aufgestiegen.

Während er so erzählt, verändert sich die Stimmung im Raum vollends. Er nimmt immer mehr Blickkontakt zu mir auf, seine Stimme wird bewegt. Ich meine auf einmal, den zehn/elfjährigen Jungen zu spüren, der sich so Mühe gegeben hat, tapfer an der Seite seiner Mutter zu stehen und den Vater für sie und seine Brüder zu vertreten. Aber statt dafür Anerkennung und Belohnung zu erfahren, hat er die Heimkehr des Vaters, der für ihn ein fast unbekannter Mann war, und das Auftauchen des jüngsten Bruders als Entthronung und das Internat als ein Abschieben erlebt, als ein grausames Unrecht, das man ihm antat. Auch seine Frau spürt etwas von dieser Tragik. Sie ist ihm während seiner Erzählung immer näher gerückt und hat seine Hand genommen. Er wehrt sich zwar ein wenig dagegen, aber lässt es dann lächelnd zu. Ich äußere mein Verstehen und meine Berührung. Und seine Frau sagt ebenfalls sehr berührt: „Ja, jetzt verstehe ich deine Wut. Ich verstehe, was meine Unachtsamkeit bei dir ausgelöst hat. Und es entlastet mich sehr, weil ich jetzt verstehe, woher die Wut kommt, und dass sie ja eigentlich gar nicht mir gilt." Arno hat ein zentrales Stück seiner Vergangenheit erzählt, durch den Paarkonflikt und meine Nachfragen ist ein zentrales Stück seiner Kriegskind-Geschichte in ihm belebt worden. Und das hat einen erstaunlichen Effekt: Seine Wut und Erstarrung löst sich und macht Traurigkeit und Einfühlung mit sich selber Platz, und ihr Unverständnis, ihr Befremden und auch ihre Verzweiflung weichen, Einfühlung mit ihm, ihrem Mann tritt an ihre Stelle. Die Beziehung bekommt durch seine Erzählung wieder Spielraum.

Das heißt natürlich nicht, dass jetzt die Paartherapie zu Ende war. Es war immer nötig, diesen Zusammenhang wieder bewusst zu machen, und außerdem hatte natürlich auch seine Frau ihren Anteil an den Eskalationen, und auch darauf galt es noch einzugehen. Dennoch war etwas Wesentliches geschehen, denn eines der Hauptprobleme, das den beiden immer wieder zu schaffen macht, erschien jetzt in einem neuen Licht. Und was die beiden bisher voneinander distanziert und sogar manchmal an den Rand der Trennung gebracht hatte, wurde jetzt zu einer Brücke, die eine neue Verbindung zwischen beiden schaffte. Mir scheinen an dem Teilausschnitt dieser Therapiestunde einige Aspekte typisch für unser Thema, darum möchte ich diese jetzt im Einzelnen verdeutlichen und verallgemeinern.

Versöhnlicher Umgang mit der Vergangenheit

1. Gerade wenn die Reaktion eines Partners auf den anderen aus dem „Hier und Jetzt" heraus überhaupt nicht verständlich und – jedenfalls für den Außenstehenden – so gut wie nicht nachvollziehbar ist, können wir davon ausgehen, dass dessen Verhalten nur ein „Auslöser" dafür war. Die Reaktion – in unserem Fall die heftige Wut – gilt eigentlich einem früheren Ereignis, einer früheren Situation, die sich gleichsam über die reale Situation hier und jetzt „darüber geschoben" hat. Solche Reaktionen können natürlich auch von ganz anderer Art sein als die in unserem Beispiel: Depressive Verstimmungen, abruptes Verstummen, plötzliches Aus-dem-Raum-Gehen, Tränenausbrüche und dergleichen mehr.

2. Nicht selten tauchen solche „unverständlichen Reaktionen" gerade jetzt, am Beginn des Alters, häufiger und heftiger auf oder werden überhaupt erstmals bemerkbar – sehr zur Irritation des jeweils anderen Partners. Das Unerledigte drängt dringlicher in den Vordergrund. Darum ist es wichtig, solche Reaktionen nicht einfach als erste Anzeichen von Verkalkung und Altersdemenz oder dergleichen abzutun, sondern sich mit großer Aufmerksamkeit der Frage zuzuwenden, zu welcher „alten Lebenssituation" sie

eigentlich gehören. Welche Ereignisse „tauchen hier wieder auf"? Bei Arno war es die „Entthronung" als Ältester und Quasi-Partner der Mutter, die er als das zentrale Unrecht erlebte, das sein weiteres Leben überschattete, und so etwas wie sein „Lebensthema" wurde.

3. Häufig bekommen wir solchermaßen „alte Szenen" in den Blick, wenn wir den zeitgeschichtlichen Zusammenhang betrachten, in den Kindheit und Jugend dieses Mannes oder dieser Frau eingebettet waren, also für die Kindheit der „Jungen Alten" der Zweite Weltkrieg und die Nachkriegszeit. Typische Themen sind hier wie in unserem Beispiel, aber auch darüber hinausgehend: die Vater-Entbehrung, sei es durch Abwesenheit im Krieg, sei es durch Tod oder durch späte Rückkehr aus der Gefangenschaft; die Schwierigkeiten der Väter, sich nach ihrer Rückkehr im Familienleben zurechtzufinden und damit zusammenhängend die Schwierigkeiten der Mütter und Kinder, die Väter wieder zu „integrieren" (wunderbar dargestellt zum Beispiel in dem 1954 spielenden Film „Das Wunder von Bern"); die Nicht-Beachtung der Gefühle und Bedürfnisse der Kinder, weil man so Schweres selber erlebt hatte, es verdrängen musste und dadurch unsensibel für die Nöte der Kinder wurde; die Überdominanz der Frauen, die jahrelang alles allein zu tragen hatten, und daraus ungelöste Bindungen der Kinder noch in ihrem Erwachsenenalter, vor allem der Söhne, an ihre Mütter; der übergroße Leistungsdruck der erwachsenen Kriegskinder, vor allem der Söhne, aus dem „Auftrag" und dem „Modell" der Väter im Wiederaufbau nach dem Krieg und der ebenso große Druck, eine „gute, selbstlose Mutter" zu sein, den die Töchter von damals von ihren Müttern in ihr Erwachsenenleben mithineingenommen haben usw.

4. Wenn das jetzige schwierige, abrupte, nicht nachvollziehbare Verhalten der Partner in diesen Zusammenhang gestellt wird und dabei – wie bei Arno – das zentrale Lebensthema des Betreffenden greifbar wird, die damals erlebte Tragik, das furchtbare Leid

des Kindes damals, auf das dieses Verhalten eine durchaus ange-
messene Reaktion gewesen wäre, dann kann dies sehr heilsame
Auswirkungen haben. Arnos und Ediths Reaktionen sind dafür
typisch: Statt Unverständis und Rückzug wird bei ihm nun Mitgefühl mit sich selbst bzw. bei ihr Mitgefühl mit ihm möglich. Das
verhinderte natürlich nicht, dass seine Wut wieder einmal „ohne
ausreichenden Grund" hervorbrach und sie sich wieder verletzt
fühlte. Aber da der Zusammenhang ihrer Geschichte deutlich geworden war, hatten und haben sie immer wieder einen Ansatzpunkt, das was gerade „passiert" ist, zu relativieren und sich nicht
in sinnlose Auseinandersetzungen darüber zu verwickeln.

Die Vergangenheit als Reichtum

Auch abgesehen davon, dass auf den ersten Blick derart unverständliche Konflikte, wie in unserem Beispiel, auf diesem Weg
einer Lösung zugeführt werden können, kann es gerade in dieser
Altersphase überhaupt sehr hilfreich sein, wenn die Paare sich
jetzt nochmals eingehend mit ihrer von Krieg und Nachkriegszeit geprägten Kindheit beschäftigen und sich darüber austauschen,
was ihnen dabei in neuer Weise deutlich wird. Dies kann zu einem wichtigen Prozess werden, tiefer zu sich selber und zugleich
tiefer zum anderen zu finden: So wurde einer Frau zum Beispiel
dadurch deutlich, dass ihr übermäßiges Anpassungsverhalten das
Erbe ihrer Familie war, die nach Flucht und Vertreibung in dem
kleinen Dorf, in dem sie endlich gelandet waren, alles daransetzte,
ja nicht unangenehm aufzufallen, um hier eine neue Bleibe zu finden. Oder einem heute Achtundsechzigjährigen zeigte sich plötzlich sein Vater in einem ganz neuen Licht: Bisher hatte er ihn wegen
seiner Ängstlichkeit immer ein wenig verachtet. Bei der Beschäf-
tigung mit seiner Familiengeschichte und durch Lektüre einschlä-
giger Literatur wurde ihm allmählich deutlich, wie sehr dieser Vater während der Nazi-Zeit unter ständiger Bedrohung gelebt haben
musste, weil er sich aus weltanschaulichen Gründen konsequent
geweigert hatte, der Partei beizutreten. Diese Bedrohung hatte sich
wohl in einer Art „Angstneurose" niedergeschlagen, unter der der

Sohn zweifellos zu leiden hatte, für die er aber jetzt im Nach-hinein ein völlig neues Verständnis bekam, abgesehen davon, dass er für den Vater eine ganz neue Achtung zu spüren begann – wegen des Mutes, den dieser aufgebracht hatte, als er sich dem Regime so konsequent verweigerte, und damit in seinem Beruf als Beam-ter jeden Tag einem neuen Risiko ausgesetzt war.

Die Zeit jetzt zu nutzen, sich über Lektüre, Filme und Fernseh-sendungen mit der Vergangenheit auf diese Art und Weise aus-einander zu setzen und damit die eigene Kindheit vor dem zeit-geschichtlichen Hintergrund neu und tiefer zu verstehen, kann für die Belebung einer neuen Gemeinsamkeit und eines neuen Ver-ständnisses für sich selbst und füreinander also eine sehr große Bedeutung bekommen.

7. Lebenskunst angesichts von Minderung und Einschränkung

Auch wenn die heutigen Alten, zumal in der Phase der „Jungen Alten" im Durchschnitt sehr viel fitter sind als die Gleichaltrigen früherer Generationen, ist es dennoch eine tägliche Erfahrung: Wir werden älter. Immer wieder werden wir mit den verschiedenartigsten „Verfallserscheinungen" konfrontiert: Die Augen werden schwächer, das Gehör nimmt die höheren Frequenzen kaum mehr wahr, man behält vieles nicht mehr so wie früher, vor allem Namen und konkrete Einzelheiten, die durch keinen logischen Zusammenhang im Gedächtnis festgehalten werden können, die Falten im Gesicht werden zahlreicher, man wird schneller müde und die Gelenkigkeit der Glieder lässt immer mehr zu wünschen übrig... Auch melden sich alterstypische Krankheiten, Herzprobleme, Prostata-Beschwerden, erste Anzeichen möglicher Alters-Demenz... Der Moraltheologe Alfons Auer (1995) spricht in diesem Zusammenhang drastisch von „Sterbenselementen". Der Tod schickt uns seine unerwünschten Vorboten. Darüber reflektieren die meisten nicht so ausdrücklich, aber irgendwie „wissen" wir alle darum, dass es so ist, und bei so manchem bewirkt diese Erfahrung und dieses Wissen Missmut, Nörgelei und Pessimismus.

Dies, sowie auch die Dynamik, die sich daraus nicht selten für die Beziehung der Partner entwickelt, stellt Marie Luise Kaschnitz (1972, S. 19-26) in ihrer Erzählung „Adam und Eva" meisterhaft dar. Sie schildert, wie der Stammvater, lange nach seiner Vertreibung aus dem Garten Eden und zu einem Zeitpunkt, als er sich jenseits des Paradieses im Leben wieder recht wohlig eingerichtet hat, eines Tages das Verenden des Leittiers seiner Herde erlebt. Da kommt ihm „mit einem Mal der Gedanke, dass er in dieser Beziehung nicht mehr und nichts Besseres sei als ein Tier. Als er zu dieser Erkenntnis gekommen war, wurde er sich verschiedener Mängel bewusst, die er vorher nicht gekannt hatte, einer Schwäche der Augen, einer Unsicherheit der Hände, einer Trübung des Gehörs."(ebd. S. 20) Von da an beginnt er sich „wunderlich zu benehmen". Nicht dass ihn erhabene Gedanken an Gott oder den Tod beschäftigen würden, vielmehr drehen sich seine Gedanken „mit grässlicher Beharrlichkeit um kleine häusliche Missstände, einen Fehler in der Bewässerungsanlage, eine schadhafte Stelle im Dach" (ebd.) Alles Mögliche beginnt ihn zu stören, das Bellen der Hunde, das Kreischen der Papageien, die heranwachsenden Kinder mit ihren „idiotischen Redewendungen" und „aufreizend stupiden Liedern." Und auch auf seine Beziehung zu Eva wirkt sich das aus: „In der folgenden Zeit fand er immer mehr Ursache, mit seiner Frau unzufrieden zu sein. Denn wenn Eva auch im Anfang seiner Verdüsterung recht lieb und freundlich gewesen war und sich bemüht hatte, ihm ein wenig Ruhe zu verschaffen, so schien sie doch von Tag zu Tag weniger um ihn besorgt zu sein. Ihr Laune war ausgezeichnet, ihr Appetit vorzüglich, und obwohl sie nicht jünger war als Adam selbst, schlief sie, ohne auch nur ein einziges Mal aufzuwachen, die ganze Nacht" – im Unterschied zu ihm, der ab jetzt oft keinen Schlaf findet, weil er sich mit allem Möglichen herumschlägt. Sie versucht immer wieder, ihn zu beruhigen und ihm gut zuzureden, aber mit der Zeit spürt sie immer häufiger Ungeduld und Ärger über ihn. „Eva sagte in der ersten Zeit noch ein paar Mal, das ist doch nicht so arg, und dann sagte sie gar nichts mehr, und er hatte den Verdacht, sie höre ihm überhaupt nicht mehr zu".

Kaschnitz macht hier deutlich, dass die „Sterbenselemente" dieser Altersphase ab einem gewissen Zeitpunkt nicht mehr zu ignorieren sind – ob durch ein so einschneidendes Erlebnis wie für Adam der Tod seines Leittieres oder durch die Anhäufung vieler kleiner „Minderungserfahrungen" des eigenen Alterungsprozesses. Damit entsteht neben der Gefahr, diese völlig zu ignorieren und so zu tun, als sei man „immer noch ein toller Kerl", auch die Gefahr, sich darin zu fixieren, in allem den Verfall am Werk zu sehen und deshalb zu beginnen, an allem herumzunörgeln und mit allem unzufrieden zu sein. Ebenso deutlich zeigt sie, wie dies wiederum Reaktionen beim Partner hervorruft, der diese Erfahrungen (noch) nicht macht oder anders damit umzugehen imstande ist. Die Gefahr besteht, dass er im „Dagegenhalten" immer mehr in die Rolle des Beruhigenden und Begütigenden kommt und damit in eine polare Gegenposition gerät. Dies bewirkt aber nichts Gutes, weil es den anderen, wie in unserer Geschichte Adam, dazu veranlasst, auf seinen „Begrenztheitserfahrungen" umso stärker zu bestehen, was wiederum bewirkt, dass der Partner, so wie Eva, noch mehr beruhigen und begütigen „muss". Einer jener Teufelskreise entsteht, die in diesem Buch immer wieder beschrieben wurden, und bewirkt, dass Eva immer mehr Überdruss und Ärger ansammelt. Deshalb – und auch, weil sie sich vor der Negativität Adams schützen muss, zieht sie sich immer mehr von ihm zurück. Dies wiederum hat zur Folge, dass der Stammvater sich in seiner Not nun auch noch ganz allein gelassen fühlt...

Sicher gehen viele Paare mit ihren Endlichkeits- und Begrenzungserfahrungen besser oder wenigstens nicht so destruktiv um. Aber gerade dann, wenn sie in früheren Phasen aus den Attributen der Jugend und jugendlicher Vitalität sehr viel Bestätigung für sich und ihr Leben als Paar gewonnen, wenn sie aus Glanz, Erfolg und ständigem Fortschritt einen großen Teil ihres Selbstwertgefühls bezogen haben, kann sich eine solche Entwicklung vollziehen, und die bisherige positive Grundstimmung weicht Missmut und verstecktem Hadern mit dem Schicksal.

Was könnten nun Elemente einer gemeinsamen „Lebenskunst" sein, die helfen, mit solchen Erfahrungen von altersbedingten Minderungen besser umzugehen? In den folgenden fünf Abschnitten gehe ich dieser Frage nach.

Pflege von Humor

Die folgende Geschichte habe ich vor einigen Jahren von einer Kollegin in einem Vortrag über das Alter gehört. Sie handelt von einem chinesischen Weisen, der nur noch drei lange Haare hat, und von seinem Diener, dessen Aufgabe es war, seinem Herrn diese drei Haare täglich zu einem Zopf zu flechten. Eines Tages bleiben dem Diener beim Versuch, dies zu tun, zwei der drei Haare in den Händen hängen. Er wendet sich ganz erschrocken an den Alten: „Meister, jetzt hast du nur noch ein Haar – was machen wir jetzt?" Darauf der Meister: „Von nun an werde ich mein Haar offen tragen!"

Diese Geschichte löste große Heiterkeit bei den Zuhörern aus, und wann immer ich sie nacherzähle, geschieht dasselbe. Sie ist ein treffendes Beispiel humorvollen Umgangs mit den Einschränkungen des Alters. Der Weise nimmt das Geschehen nicht so tragisch, fixiert sich nicht darauf. In seinem Humor steckt außerdem ein liebevoller Umgang damit. Das macht ihm alles leichter. Freilich kann man sich nicht selber einfach befehlen, ebenso humorvoll mit sich und den eigenen Einschränkungen umzugehen. Dennoch ist Humor nicht einfach Veranlagung. Humor wird möglich durch die Einübung von Gelassenheit: Sich dazu erziehen, die Dinge zu lassen wie sie sind, anstatt sich sinnlos dagegen aufzubäumen: Nicht, wie der Diener in der Geschichte, deshalb die Hände über dem Kopf zusammenschlagen! Wir erreichen damit nichts, wir ändern damit nichts. Wenn wir aus dieser weisen Einsicht heraus annehmen was ist, zeigt uns die Realität meist auch ihr freundlicheres Gesicht, und dann lernen auch wir darüber zu schmunzeln und sie mit Humor zu nehmen.

Hier gilt es aber, auf eine mögliche Verwechslung zu achten: Humor ist etwas anderes als Ironie und Zynismus, ein Unterschied, der theoretisch gar nicht so leicht deutlich zu machen ist. Wir spüren ihn aber: Ironie und Zynismus beinhalten immer ein „Heruntermachen" – seiner selbst oder des anderen. Wir versetzen uns selbst oder dem Partner einen Schlag damit, auch wenn wir darüber lachen. Wenn wir diesen Schlag spüren, sollten wir das dem anderen sofort mitteilen. Denn es gibt für die Liebe nicht viel, was destruktiver wirkt, als diese Art von Umgang mit sich selbst und dem Partner.

Humor dagegen hat immer etwas Liebevolles. Wenn wir humorvoll mit den eigenen Minderungen und denen des anderen umgehen, sagen wir damit: Wir blenden sie nicht aus, tun nicht so, als würden wir sie nicht sehen und als gäbe es sie nicht. Nein, wir nehmen sie durchaus wahr, aber nehmen sie nicht allzu ernst. Wir relativieren sie und können dem Ganzen etwas Komisches abgewinnen, und darum darüber lachen. Und wenn wir das gemeinsam können, steckt darin auch: Wir lassen uns dadurch nicht auseinanderdividieren, wir stehen zueinander, auch und gerade dann, wenn das und das nicht mehr möglich ist.

Vom „nur noch" zum „von nun an"

In der kleinen Geschichte steckt auch noch eine andere Weisheit angesichts der Erfahrung der Minderung: Anstatt dich darauf zu fixieren, was jetzt nicht mehr möglich ist, richte deine Aufmerksamkeit darauf, was jetzt noch oder sogar jetzt neu möglich ist. Ein Mann, der eine solche Haltung praktiziert hat, war der berühmte Pianist Michael Horowitz. Als er bemerkte, dass er sein umfangreiches Repertoire aufgrund altersbedingter Einschränkungen nicht mehr gut bewältigen konnte, entschloss er sich zu folgenden Maßnahmen: Er reduzierte als erstes die Zahl der Stücke. Diese verminderte und überschaubare Zahl übte er zweitens mit ganz besonderer Sorgfalt, und drittens spielte er die Stücke mit schnellem Tempo etwas langsamer als früher. Auf diese Weise gewann er diesen Stücken noch in seinem hohen Alter eine spezifische neue Qualität ab, die er vorher nicht erreicht hatte. Sein „Rezept" lautete also: Weniger, aber das mit besonderer Sorgfalt! Dies ist für mich ein besonders eindrucksvolles Beispiel für „von nun an" anstelle von „nur noch".

Eine solche Haltung hat eine große Bedeutung für die Paarbeziehung: Mein Umgang als Einzelperson mit mir selber hat immer auch eine Wirkung auf meinen Partner und die Beziehung, darum sprechen wir in diesem Zusammenhang oft von „Wechsel-Wirkung". Wenn der eine einen gelassenen humorvollen Umgang mit sich selber pflegt, überträgt sich davon etwas auch auf den Partner. Es hilft diesem, sich seinerseits von der Fixierung auf Einschränkungen zu lösen, und die Dinge gelassen und humorvoll zu nehmen, was wiederum eine verstärkende Rückwirkung auf den anderen hat. An Stelle des „Teufelskreises" entsteht so ein wechselseitig verstärkender „Engelskreis", der die positiven Seiten der Beziehung voranbringt.

Positive Resonanz

Eine gute Strategie gegen mögliche Fixierungen auf die Minderungen des Alterungsprozesses ist es auch, im Zusammenleben immer wieder die Aufmerksamkeit auf das Anerkennenswerte zu richten und dafür auch ausdrücklich Anerkennung zu geben, wie wir es schon im Kap. 3 über die Achtsamkeit ausgeführt haben. „Das haben wir jetzt wieder prima hingekriegt!" „Der gestrige Abend war wunderschön!" „Den Schnupfen hast du aber ganz schnell überwunden!" „Du siehst aber heute ganz besonders hübsch aus!" – Dem andern immer wieder solch kleine positive Dinge zu sagen, vor allem in den Punkten, bei denen ich beobachten kann, dass er sich da manchmal in Frage stellt und dazu neigt, sich abzuwerten, das hat eine sehr aufmunternde und heilsame Wirkung. Es ist Nahrung für unser Selbstwertgefühl, es baut uns immer wieder auf. Es gilt allerdings dabei auf ein paar Dinge zu achten, damit die gute Wirkung der positiven Resonanz auf den anderen auch tatsächlich erzielt wird:

1. Was ich dem andern sage, muss auch stimmen.
Wenn er sich mal erschöpft dahinschleppt, ist es nicht ehrlich zu

sagen: „Du rennst wie ein Junger". Und deshalb kommt es beim andern auch nicht gut an. Er erlebt es vielmehr als Zynismus oder auch als Unachtsamkeit, weil er deutlich spürt, dass der andere eher „Sprüche klopft" als dass er ihn wirklich meinen würde. Unehrlich und unachtsam ist positive Rückmeldung auch, wenn sie so übertrieben wird, dass sie vom anderen zurückgewiesen werden muss. Die Figur eines Gary Grant hat er nun mal nicht mehr, und sie mit Marilyn Monroe zu vergleichen, erlebt sie in ihrem Alter eher als Verhöhnung! Ähnlich ist es schließlich auch mit der Häufigkeit positiver Rückmeldung. Diese sollte nicht so übersteigert werden, dass sie den anderen zum Widerspruch provozieren muss und damit entwertet wird.

2. Es braucht Achtsamkeit füreinander

Denn einerseits gewöhnen wir uns sehr schnell an die positiven Dinge. Sie werden selbstverständlich und „fallen uns nicht mehr auf", also benennen wir sie dem andern gegenüber auch nicht mehr. Und andererseits erregen negative Dinge leichter unsere Aufmerksamkeit, weil wir darüber stolpern. Sie schieben sich dann in den Vordergrund, und deshalb besteht die Gefahr, dass wir den anderen mehr zu kritisieren beginnen, als ihm Anerkennung zu geben. Darum ist es eine wichtige Übung, den Blick immer wieder bewusst auf das Positive beim andern zu richten und sich daran zu erinnern, dass es ihm guttut, wenn er es von mir hört, auch wenn es keine großen Dinge sind, und wenn er das, worum es geht," an sich" auch selber weiß. Auch dann tut es gut, es vom Partner zu hören. Denn es kommt ja hier nicht auf den Informationsgehalt meiner Aussage an, sondern viel mehr auf den positiven Impuls, der von dieser Aussage, diesem Lob, dieser Anerkennung, diesem Kompliment ausgeht.

3. Der Beitrag des „Empfängers"

Die positive Wirkung der Anerkennung kann allerdings auch durch den „Empfänger" zerstört werden, und zwar dann, wenn er sie abwehrt, abwertet, herunterspielt. „Ach, da ist doch gar nichts dabei..." „Also so toll finde ich das bei mir gar nicht!" „Na, ein blindes Huhn findet halt auch mal ein Korn..." „Ach, das sagst du ja nur so..." Zuwendung, Anerkennung, die im „Negativ-Filter" des Empfängers hängen bleiben und somit abgewehrt werden, verlieren ihre positive Wirkung, und außerdem verderbe ich auch dem, der sie gibt, damit die Freude. Ich weise damit ja ein Geschenk, das er mir gibt, zurück, und er wird sich deshalb das nächste Mal überlegen, ob er mir wieder etwas schenken will. Damit wird sich der positive Austausch in der Beziehung reduzieren. Wenn ich dagegen Anerkennung mit Freude annehme und dies auch zum Ausdruck bringe, gebe ich dem, der Anerkennung gibt, auch meinerseits etwas Positives zurück, und etwas Helles und Freudiges leuchtet damit in unserer Beziehung auf. Das Positive, das ich gebe, wird vom Partner mit Positivem beantwortet, wodurch ich mich wiederum beschenkt und motiviert fühle, bald wieder Positives zu schenken. Je öfter wir anstatt der sattsam bekannten Teufelskreise solche „Engelskreise" zwischen uns in Gang bringen, desto nachhaltiger wird sich auch die ganze Beziehung aufhellen.

Ein Bündnis der Zärtlichkeit

Das vierte Stichwort lautet: „Ein Bündnis der Zärtlichkeit" angesichts von Minderung und Verfall. Was damit gemeint ist, finde ich wunderbar ausgedrückt in zwei Gedichten von Ulla Hahn (1993):

Als er zurückkam
Als er zurückkam mein Freund und Geliebter
blass mager mich in den Arm nahm
begriff ich augenblicks dass er sterblich ist
mitten in seinem lebendigen Kuss. Wie noch nie
versicherte ich mich seiner Lippen der Zunge
ja mir war ich müsste mein Leben einhauchen
dem der mich so warm und verlässlich umschloss.
Wunder gebaren mir plötzlich all seine vierzig

Jahr alten Arme und Beine seine schöne Brust
sein Bauch sein Geschlecht sah ich mit eigenen Augen
nach Jahren so wie sie sind. Nein ich liebte ihn nicht
wie beim ersten Mal blindlings verschlossen. Nein ich liebte ihn
offenen Auges Blutes mit allen Kräften zum ersten Mal.
Seither denke ich anders an ihn wenn er nicht bei mir und
bei mir ist: er ist ein sehr kostbarer sehr vergänglicher Mensch.

Entstehungsgeschichtlich gehört dieses Gedicht zwar in eine frühere Phase als diejenige, mit der wir es hier zu tun haben. Der Freund ist Vierzig, die Frau, die spricht, wahrscheinlich noch jünger. Aus den Zeilen spricht aber bereits die für unsere Phase typische Erfahrung der Vergänglichkeit: „Er ist ein kostbarer, sehr vergänglicher Mensch". Und gerade diese Erfahrung lässt das Kostbare dieser Verbindung deutlich spüren, deutlicher als am Anfang in der Verliebtheit, die von Ulla Hahn hier als „blindlings verschlossene Liebe" charakterisiert wird. Ein neuer Blick auf den Geliebten wird möglich, eine Liebe „offenen Auges", die einerseits realistischer ist als die Verliebtheit der frühen Jahre, aber andererseits auch inniger und zärtlicher. Die selbe Zärtlichkeit der Verbindung der Partner angesichts des Alterungsprozesses wird verhaltener, aber dadurch vielleicht noch berührender in einem späteren Gedicht der Autorin (Hahn 2004, S. 57) zum Ausdruck gebracht:

Dein Haar
wird weniger
und meines weiß
Du siehst mich immer öfter an
wie eine Rarität
Du fasst nach meiner Hand
als wüsste ich einen Ausweg

Im Vergleich zum vorausgehenden Gedicht geht es hier um zwei Menschen, die im Alter schon weiter fortgeschritten sind. Eine Frau spricht zu ihrem Mann. An ihren weiß werdenden und seinen ausfallenden Haaren registriert sie den Alterungsprozess. An der Art, wie er sie anschaut, wird deutlich, wie sehr er es schätzt und darüber glücklich ist, dass sie bei ihm ist ("wie eine Rarität"). Und wenn er nach ihrer Hand greift, bekommt sie den Eindruck, dass er von ihr erhofft und ihr zutraut, ihm einen Ausweg aus dem Schicksal des Älterwerdens zu zeigen. Auch dieses Gedicht ist einerseits illusionslos: Es gibt diesen Ausweg nicht. Und andererseits ist es erfüllt von einer Atmosphäre inniger Zärtlichkeit: Wenn ihr Blick über sein schütterer werdendes und seiner über ihr weißer werdendes Haar streicht, wenn er sie anschaut und nach ihrer Hand greift und sie diese Berührung erwidert: Es ist, als würde jeder die Zeichen des Alterns beim andern liebevoll in seine Hand nehmen, darüber streichen und sagen: "Im Blick auf dieses Schicksal sind wir uns beide besonders nahe, wir stehen zusammen, wir lassen uns nicht allein – auch wenn wir nichts dagegen ausrichten können!" Diese Zärtlichkeit im Umgang mit dem anderen deutet der französische Philosoph T. Lemaire in den schönen Worten: "Meine Liebkosung entdeckt die Verletzbarkeit des anderen, die Wehrlosigkeit seiner Nacktheit; aber sie bestätigt sie auch. Denn das behutsame Streicheln meiner Hand verweilt bei der Zerbrechlichkeit des anderen" (zit. bei Jung 2003, S. 23).

Einander berühren, einander wärmen, einander halten und dadurch Halt geben: Damit schließen alternde Paare ein wirksames "Bündnis" angesichts von Minderung und Verfall. Sie können das gemeinsame Los dadurch nicht verändern oder rückgängig machen, aber sie schöpfen daraus Zuversicht, Halt und letztlich auch neue Lebensfreude.

Die Vergangenheit als gemeinsamer Schatz

Wir haben darüber gesprochen, dass eine Gefahr für älter werdende Menschen und ihre Partnerschaften darin besteht, dass sie nur noch in der Vergangenheit leben. Wir haben die Wichtigkeit eines neuen "Dritten" betont, das dem Paar einen neuen Lebensinhalt gibt, wenn das, was das Leben bisher ausgefüllt hat, mehr und mehr wegfällt oder aufhört. Und wir haben auf die Schwierigkeiten hingewiesen, die „unerledigte Vergangenheiten" für das Paarleben bedeuten. Wenn wir uns dagegen mit den unerledigten Angelegenheiten dieser Vergangenheit auseinandergesetzt und ausgesöhnt haben, kann diese auch zu einem kostbaren gemeinsamen Schatz werden, der uns bereichert und ein wirksames Gegengewicht darstellt zu einem depressiven Umgang mit Minderung und Verfall.

Das bereits im zweiten Kapitel erwähnte „Alte Paar" der Antike, Philemon und Baucis, geben auch für diesen Zusammenhang ein schönes Beispiel (Jellouschek 2005b, S. 165-183). Wir erinnern uns: Die beiden haben Zeus und Hermes bewirtet und beherbergt. Die Belohnung der Götter für diese Großzügigkeit ist, dass der Wein im Krug des Philemon nicht mehr zu fließen aufhört. Außerdem verwandeln die Götter die Hütte des Paares in einen Zeus-Tempel und setzen das alte Paar zu Hütern dieses Heiligtums ein. Von nun an betreuen und unterweisen sie die in der Folge einsetzenden Pilgerströme. In ihrem Alter bekommen sie also noch einmal eine ganz neue und verantwortungsvolle Aufgabe, die sie mit Hingabe erfüllen. Aber natürlich schützt sie auch diese Aufgabe nicht vor dem nahenden Ende. Als es so weit ist, wünschen sie sich, gemeinsam sterben zu dürfen, damit keiner sich vom andern verlassen fühlen muss. Bevor ihnen das von den Göttern zugestanden wird, treffen sich die beiden noch einmal auf den Stufen des Tempels und halten Rückschau auf die Wechselfälle ihres gemeinsamen Lebens. Während sie sich darüber austauschen, steigt in ihnen nochmals das Gefühl zärtlicher Liebe zueinander hoch. „Oh du mein Alles", sagen sie zueinander und finden darin die Bereitschaft, miteinander vom Leben endgültigen Abschied zu nehmen.

Miteinander auf die Wechselfälle des Lebens zurückschauen: Wenn wir das miteinander versöhnten Herzens tun können, dann wird die Vergangenheit immer mehr zu einem gemeinsamen Reichtum, für den wir einander danken und wofür wir immer wieder auch einander Anerkennung geben können. Alte Tagebücher, Fotoalben oder digital erstelle Foto-CDs können dafür hilfreiche

Quellen werden, wenn wir uns von Zeit zu Zeit damit befassen, sie uns anschauen, uns gegenseitig vorführen oder vorlesen. Auch Reisen an die Orte, an denen Wichtiges in unserem Leben geschehen ist – dahin vielleicht, wo wir uns kennen gelernt haben, oder dahin, von wo unsere Eltern vertrieben worden sind, oder an den Ort, wo dir oder mir eine kreative Idee gekommen ist, die für unser weiteres Leben bedeutsam wurde – auch solche Reisen können dem „Einsammeln" unseres Reichtums dienen. Damit tun wir etwas, was nur wir Menschen können: Die Vergangenheit wieder zu einem Stück Gegenwart werden zu lassen. Die Realität von damals taucht wieder auf, und damit tauchen auch die Gefühle wieder auf, die uns damals erfüllt haben, und stiften wieder die Nähe zwischen uns, die wir damals füreinander empfunden haben.

Besonders gut für diese Vergegenwärtigung wertvoller Vergangenheit eignen sich bestimmte wiederkehrende Gelegenheiten, nämlich Jahrestage, Geburtstage, sonstige Festtage. Da liegt es besonders nahe, solche Reisen in die Vergangenheit anzutreten. Das gemeinsame Zurückkehren zu wichtigen Momenten unserer Geschichte wird so zu einer Art Ritual in unserem Paar-Leben. Solche Rituale sind deshalb so wichtig und wertvoll, weil sie gleichsam den gemeinsamen Reichtum unserer Vergangenheit für die Gegenwart „aufbewahren". Wenn wir sie miteinander begehen, wird er uns wieder zugänglich, und damit erschließen wir uns eine Möglichkeit, den fortschreitenden Verlust, den wir im Alterungsprozess erleben, jedenfalls ein Stück weit zu kompensieren.

Allerdings ist dabei eines zu beachten: Wenn unsere Vergangenheit noch viele Tretminen „unerledigter Angelegenheiten" enthält, die explodieren könnten, wenn wir darauf stoßen, werden wir die Tendenz haben, dieses Zurückgehen in die Vergangenheit zu vermeiden. Was wir über die Versöhnung mit der Vergangenheit gesagt haben, gilt auch für diesen Zusammenhang. Zum Schatz wird diese Vergangenheit, wenn wir versöhnt auf sie zurückschauen können. Denn nicht nur das glückhaft oder durch eigene Anstrengung Gelungene wird uns dann von neuem erfreuen, sondern wir werden auch für das dankbar sein können, woran wir zunächst gescheitert sind, weil wir es durch die gemeinsame Versöhnungsarbeit doch zu einem guten Ende gebracht und in unser Leben integriert haben.

Dabei gilt es aber auch manchmal, nicht perfektionistisch, sondern barmherzig zu sein. Das eine oder andere bleibt vielleicht immer noch ein dunkler Punkt in der Vergangenheit. Das eine oder andere Ereignis bleibt möglicherweise unversöhnt und hat eine Wunde verursacht, die nicht gut vernarbt ist. Dann kann es auch richtig sein, damit liebevoll-vorsichtig umzugehen, indem wir nicht daran rühren oder auch einen Bogen darum machen. Wenn es auch nicht die Ideallösung ist, besser als dadurch dem anderen neue – und sinnlose – Schmerzen zuzufügen, ist es allemal.

Zusammenfassend möchte ich zu diesem Kapitel sagen: Es wird nicht ausbleiben, dass wir zuweilen angesichts der Minderungen und des Verfalls unserer Alterungsprozesse auch durch depressive Phasen gehen oder auch mit Ärger, Anwandlungen von Empörung und Aufbegehren zu tun bekommen. Lebenskunst besagt in diesem Zusammenhang nicht, wir müssten darüber stehen, und so etwas dürfte gar nicht mehr vorkommen. Lebenskunst besagt hier: Möglichkeiten zum Gegensteuern zu finden, die uns immer wieder in einen Zustand der Balance bringen. Humor zu entwickeln, neue Möglichkeiten, die auch jetzt noch vorhanden sind, zu entdecken, achtsam zu bleiben auf das Positive an uns und an der Beziehung, ein Bündnis der Zärtlichkeit zu schließen und unsere Vergangenheit als einen gemeinsamen Schatz zu nutzen – dies könnten solche Möglichkeiten sein.

8. Auseinandersetzung mit dem Tod

Der Tod rückt näher

Lebenskunst angesichts der Minderungserfahrungen des Alters –
darüber haben wir im letzten Kapitel gesprochen. Wie steht es
nun mit dem Tod selbst, der als die große und endgültige „Min-
derungserfahrung" unseres Lebens seine Boten vorausschickt?
Zweifellos haben viele „Junge Alte" angesichts ihrer körperlichen
und geistigen Fitness keinen unmittelbaren Anlass, sich darüber
groß den Kopf zu zerbrechen. Allerdings ist auch nicht zu verleugnen, dass der Tod mit jedem Tag näher an uns heranrückt. Genau
genommen war dies ja immer schon so – seit dem ersten Tag unseres Lebens. Allerdings mit einem Unterschied: Damals lag –
nach menschlichem Ermessen – der größte Teil des Lebens noch
vor uns. Jetzt ist es anders. Jetzt wird uns bewusst, dass der weit-
aus größte Teil bereits hinter uns liegt. Wenn wir anlässlich unseres Geburtstags zum Beispiel überlegen, wie viele solcher Geburtstage im besten Fall jetzt noch vor uns liegen, kann es sein, dass
wir heftig erschrecken. Aus solchen und ähnlichen Anlässen geht
es uns manchmal so, wie Marie Luise Kaschnitz (1972, 19-26) es
in der erwähnten Geschichte von Adam schildert:

*„Das ist der Tod, dachte er entsetzt, als an diesem Abend ein zer-
brechlicher Gegenstand seiner Hand entglitt. Was hast du denn,
fragte Eva, weil er wie versteinert dastand, während sie die Scher-
ben zusammenlas. (ebd. S. 20) ... Nach dem Essen ging Eva auf*

den Hof hinaus, um das Spielzeug der kleinen Kinder zusammen-zusuchen. Adam ging ihr nach und blieb bei ihr stehen und sah sie flehend an. Werde mit mir alt, wollte er sagen, werde mit mir alt. Aber natürlich brachte er diese Worte nicht über die Lippen, sondern begann sich statt dessen über die Mücken zu beklagen, in einem wilden und verzweifelten Ton. Was du nur immer hast, sagte Eva, und sah ihn kopfschüttelnd an. – In dieser Nacht be-schloss Adam, Eva zu sagen, dass sie sterben müsse... Er weckte Eva auf, und Eva rieb sich die Augen und fragte, ob etwas mit den Kindern sei. Wir müssen sterben, sagte Adam, und es war ihm zumute, als beginge er einen Mord" (ebd. S. 25f).*

In der Phase der „Jungen Alten" geht es uns zuweilen ähnlich: Wenn wir in den Todesanzeigen der Tageszeitungen bemerken, dass die Geburtsjahrgänge der hier angezeigten Verstorbenen immer näher an unser eigenes Geburtsjahr heranrücken; oder wenn von denjenigen Verwandten, Freunden und Kollegen, die bisher im Ver-gleich zu uns selbst immer die „Älteren" waren, einer nach dem anderen wegstirbt, und uns bewusst wird, dass wir selber nun in die-se Gruppe aufrücken und damit zu denen gehören, die demnächst dran sind: Dann kann es geschehen, dass wir von ganz ähnlichen Gefühlen erfasst werden.

Wie gehen wir damit auf eine gute Weise um? Wenn der Tod sich aus dem Leben letztlich nicht hinausdrängen lässt: Wie ge-ben wir ihm dann einen guten Platz darin? In der Geschichte ist der erste Schritt, den Adam dazu tut, dass er sich, nachdem er sich lange genug damit allein herumgequält hat, Eva endlich mitteilt. Das machen viele Partner untereinander nicht. So wie die Sexua-lität erstaunlich häufig auch bei langjährigen Paaren ein Tabu-thema bleibt oder sogar im Laufe der Jahre erst eines wird, so ähn-lich ist dies auch bei der Erfahrung des herannahenden Todes. Wir wollen den Partner nicht belasten und eröffnen ihm die Ängste, die wir in diesem Zusammenhang empfinden, nicht. Vielleicht meinen wir auch, durch das Verdrängen dieser Gefühle uns selbst davor schützen zu können. Damit aber schiebt sich etwas Trennendes zwischen uns. Denn bei existenziellen Themen und existenziellen Gefühlen ist es immer so: Nicht mitgeteilt, werden sie zu unsichtbaren Trennwänden zwischen den Partnern, die sonst alles miteinander teilen. Damit isolieren sie sich aber gerade dort, wo sie die Solidarität des anderen besonders dringend bräuchten, und das „Bündnis der Zärtlichkeit", von dem wir gesprochen haben, zerbricht oder kommt erst gar nicht zustande.

Ausweichen? Verdrängen?

Schauen wir nun wieder in die Geschichte von Adam und Eva, wie es hier weitergeht, als Adam Eva sagt, dass sie sterben müssten:

„Große Neuigkeit, sagte Eva spöttisch. Das weiß ich schon lang.
Hast du dir keine Gedanken gemacht, fragte Adam, sobald er sich von seiner Überraschung erholt hatte. Was wir hier zurücklassen, ist unfertig und keinen Pfifferling wert.
Jemand wird es schon fertig machen, sagte Eva.
Die Kinder, sagte Adam streng, sind träge und leichtsinnig. Sie wissen nicht, was arbeiten heißt, und werden elend zugrunde gehen.
Es wird schon noch etwas aus ihnen werden, sagte Eva.
Und was wird aus uns, fragte Adam und stützte seinen Kopf auf die Hand.
Wir bleiben zusammen, sagte Eva. Wir gehen zurück in den Garten. Und sie legte ihre Arme um Adams Hals und sah ihn liebevoll an.
Ist er denn noch da?, fragte Adam erstaunt.
Gewiss, sagte Eva.
Wie willst du das wissen?, fragte Adam mürrisch.
Woher meinst du, fragte Eva, dass ich die Reben hatte, die ich Dir gebracht habe, und woher meinst du, dass ich die Zwiebel der Feuerlilie hatte, und woher meinst du, hatte ich den schönen, funkelnden Stein?

Woher hattest du das alles?, fragte Adam.
Die Engel, sagte Eva, haben es mir über die Mauer geworfen. Wenn
wir kommen, rufe ich die Engel, und dann öffnen sie uns das Tor.
Adam schüttelte langsam den Kopf, weil eine ferne und dunkle
Erinnerung ihn überkam. Gerade dir, sagte er. Aber dann fing er
an zu lachen, laut und herzlich, zum erstenmal seit ach wie lan-
ger Zeit". (ebd. S. 25f)

In dieser Geschichte hat das Todesschicksal für Eva nichts Ent-
setzliches. Sie hat die ganz selbstverständliche Sicherheit, dass sich
das Tor zu einem neuen Leben öffnen wird, wenn die Zeit gekommen ist, und sie hat in dieser Hinsicht durch häufigen Kontakt
zu den Engeln, von dem Adam bisher gar nichts gewusst hat, schon
für alles vorgesorgt. Darum ist sie von gelassener Heiterkeit. Die
Isolierung Adams, das Bedrückende seiner Erfahrung, das Trennende zwischen den beiden löst sich dadurch auf in ein befreien-
des Lachen. Das ist die berührende Pointe dieser Geschichte.

Menschen, für die diese andere Welt jenseits „der Mauer" durch
ihr bisheriges religiöses Leben eine ebenso reale Tatsache ist wie
für Eva, mögen – jedenfalls in manchen Momenten – auch etwas
von dieser Heiterkeit spüren, und das ist sicher ein reicher Schatz,
vor allem, wenn man diesen mit dem Partner zu teilen vermag.
Andererseits mag sich manchem beim Lesen dieser Passage der
Gedanke aufgedrängt haben: „Ja, so konnte Eva vielleicht damals
empfinden. Aber kann ich noch so selbstverständlich an den
Garten Eden, die Engel und den sicheren Zugang zum Paradies
glauben?"

Mit dieser Reaktion ist eine Situation angesprochen, die wohl
charakteristisch ist für viele Menschen unserer Zeit und unser
heutiges Bewusstsein überhaupt. Können wir noch so selbstverständlich an eine Welt jenseits des Todes glauben, an einen Himmel über der Erde, einen persönlichen Gott, der uns hier in Emp-
fang nehmen wird, wenn es einmal so weit ist? Natürlich sind wir
uns bewusst, dass es sich bei diesem Sprachgebrauch um Bilder
und Metaphern handelt. Aber sobald wir diese Begriffe gebrauchen,

bewegen wir uns in einem Weltbild, das nicht mehr das unsere ist, nämlich im Weltbild des Altertums, das sich die Erde als eine Scheibe auf dem Ozean vorgestellt hat, darunter die Unterwelt, über ihr das Firmament und darüber „der Himmel", der Bereich der Engel und der Bereich Gottes, und unsere Seele als eine Art luftiges Gebilde, das dann nach dem Tod da irgendwie „hinauffliegt" und – hoffentlich – hier im Bereich der „seligen Geister" einen beglückenden Ort findet, bis sie sich – nach dem „allgemeinen Weltgericht" wieder mit dem eigenen, veränderten, weil verklärten Leib vereinigen darf... Solche Bilder gehören einer längst vergangenen Epoche an, und für viele Menschen ist es schwierig, ihnen in ihrem Verstehenshorizont heute einen Sinn abzugewinnen – auch wenn sie sich bewusst sind, dass es sich dabei „nur" um Bilder handelt. Sie helfen vielen Menschen heute nicht mehr, die bevorstehende Erfahrung des Todes in irgendeiner Form in ihr Leben zu integrieren und einen positiven Bezug dazu herzustellen. Darum befassen sie sich erst lieber gar nicht mehr damit und lenken sich mit Näherliegendem wieder vom Gedanken an den Tod ab.

Aber geschieht damit nicht andererseits die massive Verdrängung eines Schicksals, das wir alle erleiden werden, und zu dem wir uns darum in irgendeiner Weise verhalten sollten? Es scheint ein Dilemma zu sein: So vertrauensvoll wie Eva in der Geschichte können viele mit dem Tod nicht mehr umgehen. Aber wenn das heißt, gar nicht mehr damit umzugehen, schließen sie dann nicht die Augen vor einem ganz wesentlichen Teil ihres Lebens?

Nun werden viele sagen: Auch wenn uns die Vorstellungen vom Himmel und von einem seligen Leben nach dem Tod nichts mehr sagen, heißt das doch noch lange nicht „die Augen vor dem Tod verschließen" oder „ihn verdrängen". Wenn wir den Tod vor Augen haben, kann uns das gerade herausfordern, dieses Leben bis dahin so intensiv wie möglich zu leben: „Carpe diem! – Nutze den Tag!". Auf den Tod schauen, hilft uns doch, uns voll dem Leben zuzuwenden. So machen wir uns gerade in gewissem Sinn den Tod zum Freund. Darin besteht doch gerade die „ars moriendi", die Kunst des Sterbens, wie sie die Alten verstanden haben! Um den Tod nicht zu verdrängen, müssen wir unseren Blick doch nicht auf ein „Danach" richten!

Ich stimme dem zu. Auf den Tod zu schauen, um die Kostbarkeit des Lebens zu erfahren und es darum so intensiv und so voll wie möglich zu leben, ist sicher gerade auch für die Lebensphase, um die es hier geht, ein wesentlicher Teil einer echten Auseinandersetzung damit. Und doch bleibt ein Rest: Der Tod als Abbruch, als Zerstörung gerade auch eines intensiv und voll gelebten Lebens – ist er nicht nach wie vor und sogar gerade dann, wenn wir ein erfülltes Leben geführt haben, ein Ärgernis, etwas Ungeheuerliches, eine unverständliche Zumutung? Ich glaube, dieser Widerspruch bleibt. Man kann sich darin üben, ihn in stoischer Gelassenheit zu ertragen. Ich bewundere Menschen, die das können. Ich kann es nicht, und ich glaube, dass es eine bessere Möglichkeit als das stoische Ertragen gibt, dann nämlich, wenn es uns möglich wird, das Leben insgesamt in einer transzendenten Dimension zu sehen. Also doch Evas naiver Glaube an den jenseitigen Garten Eden, durch dessen Tore wir im Sterben schreiten? Ja, aber viele von uns brauchen dafür heute andere Bilder.

Wenn ich das sage, möchte ich niemandem die Berechtigung und Möglichkeit absprechen, auch in den alten Geschichten und Bildern vom letzten Gericht, vom Leben nach dem Tod, vom Einzug der Seligen in den Himmel, von der „Auferstehung des Leibes" usw. einen adäquaten Ausdruck seiner Sehnsucht und Hoffnung zu finden. Ich erlebe allerdings gerade in der Generation der heutigen „Jungen Alten", dass vielen in ihren jungen Jahren von kirchlicher Seite und im Religionsunterricht zugemutet wurde, bestimmte Bilder und Vorstellungen mehr oder weniger als reale Wirklichkeitsaussagen zu „glauben", und dass darum gerade diese Generation in großer Zahl eine kritische Distanz dazu eingenommen und mit den Bildern auch das verloren hat, was in einem heutigen Verständnis damit gemeint sein könnte.

Neue Bilder

Wir brauchen darum neue Bilder. Was meine ich mit dieser Aussage? Ich beziehe mich damit auf meine eigene Erfahrung, für die der bekannte Benediktinerpater und spirituelle Lehrer Willigis Jäger sehr bedeutsam geworden ist. Mir sagen einige Metaphern sehr zu, die er in diesem Zusammenhang immer wieder verwendet. Das Leben insgesamt vergleicht er mit einer großen Symphonie, und mein Ich, meine Individualität, meine Geschichte, ist eine Melodie in dieser Symphonie, die anhebt und verklingt, und die Symphonie klingt weiter, und das Ganze dieser Symphonie nennen wir „Gott". Oder ein anderes seiner Bilder: Das Leben ist wie ein großer Strom. Mein Leben ist eine Welle in diesem Strom, sie beginnt, formt sich aus diesem Strom heraus und versinkt wieder in diesem, und der Strom fließt weiter, und der Strom des Lebens als Ganzes ist das, was wir Gott nennen. Und ein drittes Bild, diesmal in wörtlichem Zitat: „Es geht nicht darum, aus der Welt zu scheiden, zu verlöschen, in den Himmel oder in eine Wiedergeburt einzugehen, um Seligkeit oder Erlösung zu erreichen. Es geht vielmehr um die Erkenntnis, dass wir und alles zeitlos durchdrungen sind von dieser Urwirklichkeit und dazu berufen, den Tanz des evolutionären Geschehens mitzutanzen... Sich als Tanzschritt des „Tänzers Gott" und auch als den Tänzer selbst zu erfahren und alles Handeln als spirituell durchdrungen zu erleben, ist das Ziel" (Jäger 2007, S. 1).

Mein Leben, mein Ich als eine Melodie in der großen Symphonie, als Welle im ewigen Fließen des Stroms, als Tanzschritt im großen Tanz Gottes, und mein Tod als Verklingen dieser Melodie, als Aufgehen der Welle wieder im Strom, als Übergang in die nächste Tanzfigur: Es gibt nicht eine Welt hier, und eine transzendente „darüber". Es gibt nur diesen unendlichen Strom, diesen einen Tanz des Lebens, in das ich im Tod wieder eingehe. Weil ich das nicht spüre, nicht erfahren habe, sondern mich in der Individualität meines Ichs als „abgegrenzt" erlebe, macht es mir Angst, und was dann sein wird, wenn meine Welle, wenn meine Melodie, mein Tanz vorüber ist, weiß ich nicht und werde es niemals – von heute aus gesehen – wissen. Aber es wird „gut" sein, es wird meine Erfüllung sein, so wie sich die einzelne Melodie darin erfüllt, am Gesamtklang mitgewirkt zu haben, oder die eine Welle dazu beigetragen hat, dass der Strom fließt, und die Tanzfigur den gesamten Tanz bereichert hat...

Auch dies sind freilich „nur" Bilder. Aber sie sprechen zu mir, weil ich sie in meiner heutigen Wirklichkeitserfahrung nachvollziehen kann, und weil sie auch mit dem Weltbild heutiger Naturwissenschaft viel eher in Einklang zu bringen sind als die alten Vorstellungen. Und sie bringen mir nahe, was überhaupt der Kern jeder religiösen Einstellung zu sein scheint, ganz gleich in welchen Bildern, Vorstellungen, Dogmen und Lehren in den verschiedensten Religionen und Konfessionen es sich zum Ausdruck gebracht hat und zum Ausdruck bringt: dass das Leben immer größer ist als das, was wir individuell als „Leben" erfahren, dass auch das, was wir als Vergehen und Sterben erleben, eine Variante des ewigen „Lebensspiels" ist, das uns unendlich übersteigt und das wir deshalb „göttlich" nennen. Im Christentum drückt sich dies am prägnantesten im Glauben an Kreuz und Auferstehung aus. Im Kreuz, in dem der Tod seinen Kulminationspunkt erreicht, erweist sich Christus in der Erfahrung der Jünger als der Lebendige, Auferstandene. In diesem Sinn heißt „glauben": Sich mit dem Leben ganz einlassen dürfen, auch da wo es ganz andere Wege mit uns geht, als wir uns im Moment und unseren Vorstellungen nach wünschen, also auch da, wo es uns in den Tod hineinführt.

Der Weg der Erfahrung

In solchen Bildern kommt mir nahe, was abstrakt ausgedrückt heißt: „Mein Leben in eine transzendente Dimension hineinstellen". Ich bin dadurch auch in den Erfahrungen meines hinter mir liegenden Lebens angesprochen, die mir solche Bilder bestätigt haben: auf Schritte, die ich in meinem Leben ins Dunkle gewagt habe und die mich – wider Erwarten – ins Helle geführt haben, auf Entbehrungen, gegen die ich mich zunächst heftig gewehrt habe, die mich dann aber reifer und damit auch reicher und lebensvoller gemacht haben. Hier taucht ja immer wieder diese Struktur auf: Eine Art Todeserfahrung als Durchgang zu einer neuen Qualität von Leben. Solche Erfahrungen können uns das Zutrauen geben, dass es mit der endgültigen Todeserfahrung ähnlich ist, auch wenn sich das unseren Vorstellungen entzieht. Dies ist dabei allerdings auch die Schwierigkeit: Was da auf uns zukommt, widerspricht in seiner Endgültigkeit so sehr unserem Lebensimpuls, dass wir dieses Zutrauen wieder verlieren.

Viele Menschen suchen darum nicht nur neue Bilder, sie suchen auch einen konkreten Weg, auf dem die transzendente Dimension, die unser Leben umfängt, für sie und ihr Erleben eine konkrete Erfahrung wird. Dies hat sich ja in der Geschichte der Religionen immer wieder abgespielt: Immer wieder sind Menschen aufgebrochen, um nach dem zu suchen, was ihnen in den Dogmen und Lehren ihrer Religion überliefert wurde, und um das in ihrer eigenen Erfahrung nachzuvollziehen und dafür auch neue Bilder und Formulierungen zu finden. Vielleicht ist dieser Weg gerade in unserer Zeit und für viele von uns besonders wichtig und notwendig geworden.

Dabei sind wir heute nicht allein auf die individuelle Suche des Einzelnen angewiesen. Innerhalb und außerhalb der verfassten Kirchen ist eine Vielfalt spiritueller Bewegungen entstanden, die solche konkrete Erfahrungswege weisen. Sicherlich gibt es dabei Spreu und Weizen, und es ist nicht einfach, beides voneinander zu trennen. Man kommt auch nicht darum herum, auszuprobieren und zu experimentieren, was für einen passt und was nicht. Ein Weg, der dem Empfinden vieler Menschen heute entgegenkommt, ist dabei zweifellos der Weg der sogenannten gegenstandslosen Meditation oder Kontemplation.

„Gegenstandslos" wird diese Art von Meditation genannt, weil es ihr Ziel ist, sich von allem „Anhaften" an Konkretes zu lösen. Es geht also um keinerlei „Indoktrination", im Gegenteil: Es geht darum, „leer" zu werden, leer von allem, was meinen Geist und mein Gemüt ständig beschäftigt. Oder anders ausgedrückt: Es geht darum, die transzendente Dimension des Lebens als anwesend zu *erfahren*: Dass ich eine Ahnung bekomme vom Lebensstrom, in dem ich eine Welle bin; dass ich die „Gestalt" des Tanzes erahne, von dem ich ein Tanzschritt bin; oder dass ich die „Stille hinter der Stille" zu hören beginne, die mich umfängt. Damit ist Meditation ja in einer sehr genauen Weise „Einüben" des Sterbens: Im Loslassen zu erfahren, dass ich in einem Größeren gehalten bin. Natürlich gibt es hier große individuelle Unterschiede in der Intensität der Erfahrung, von der leisen Ahnung bis zur unumstößlichen Gewissheit, und diese wiederum als momenthaftes Erleben oder als dauerhaftes Grundgefühl. Aber wenn man sich darauf einlässt, kommt einem immer näher, dass die heitere Gelassenheit Evas in der Geschichte von Marie Luise Kaschnitz keineswegs einer illusionären Projektion kindlicher Wünsche ins „Jenseits" entstammt, sondern vielmehr eine tatsächliche Erfahrung beim Hinschauen auf den sich nähernden eigenen Tod ist, eine Erfahrung, die auch der Dichter Rainer Maria Rilke (1955, S. 400) in seinem Herbstgedicht sehr anrührend zum Ausdruck bringt:

Die Blätter fallen, fallen wie von weit,
als welkten in den Himmeln ferne Gärten;
sie fallen mit verneinender Gebärde.

Und in den Nächten fällt die schwere Erde
aus allen Sternen in die Einsamkeit.

Wir alle fallen. Diese Hand da fällt.
Und sieh die andre an: es ist in allen.

Und doch ist Einer, welcher dieses Fallen
unendlich sanft in seinen Händen hält.

Wenn wir spüren, dass der Tod näher an uns heranrückt und wir einen Umgang damit suchen, der nicht Verdrängen bedeutet, aber auch nicht nur stoisches Ertragen des Unabwendbaren ist, wenn wir einen Weg der „Befreundung mit dem Tod" suchen, uns aber auch nicht mehr in den traditionellen Bildern zuhause fühlen und eine traditionelle religiöse Praxis üben können, könnte es ein Weg sein, uns Gemeinschaften anzuschließen und uns Lehrer zu suchen, die in solchen Wegen spirituell-religiöser Praxis unterweisen. Es ist eine Möglichkeit, die hier keineswegs verabsolutiert werden soll. Ich mache aber immer häufiger die Erfahrung, dass das Suchen vieler Menschen gerade in dieser Altersphase hier eine für sie stimmige Richtung findet.

Der gemeinsame Weg als Paar

Bei der Frage nach dem Tod und wie wir damit auf eine gute Weise umgehen können, geht es natürlich in erster Linie um den Einzelnen, um das Individuum. Denn jeder muss seinen eigenen Tod sterben, jeder muss diesen Gang letztlich alleine antreten. Trotzdem können wir uns den Weg dahin sehr erleichtern, wenn wir ihn so weit wie möglich gemeinsam gehen. Was heißt das, diesen Weg gemeinsam gehen?

Es bedeutet als erstes, wie bereits erwähnt, die Gefühle, die Ängste, das innere Aufbäumen dagegen oder was immer es sein mag, nicht für sich zu behalten, sondern miteinander zu teilen. Auch wenn das zunächst einseitig geschieht, weil einer der beiden für dieses Thema mehr sensibilisiert ist als der andere, kann dies ein wichtiger Impuls sein, dass solche Themen nicht ausgeschlossen bleiben aus der Gemeinsamkeit. Denn im Kontakt darüber zu sein, was uns bei derart existenziellen Themen, die jeden betreffen, innerlich bewegt, gibt auch der Beziehung eine existenzielle Tiefe, die uns bereichert und erfüllt.

Auch wenn Paare nicht oder noch nicht wissen, wie sie damit umgehen können, auch wenn sie noch nicht ihre Richtung gefunden haben, kann schon der gemeinsame Suchprozess nach einem für sie gangbaren Weg ihre Verbundenheit miteinander sehr fördern. Viele Dinge, an denen man sich sonst leicht aufhält und deretwegen man sich aneinander reibt, werden dadurch unwesentlich und nebensächlich. Die „wesentliche Frage", gemeinsam gestellt, kann auch ohne Lösung schon zu einem wichtigen verbindenden „gemeinsamen Dritten" werden.

Wenn Partner schließlich einen gemeinsamen Weg für sich gefunden haben, zum Beispiel eine konkrete Praxis der Meditation, ist dies natürlich ein großer Gewinn: Die Gemeinsamkeit im Tun ist für beide eine wichtige gegenseitige Unterstützung: indem sie zum Beispiel ihre individuellen Erfahrungen auf diesem Weg austauschen und sich dadurch anregen, oder indem sie sich immer wieder gegenseitig bestärken, auf dem Weg zu bleiben und weiterzugehen oder auch neue Wege zu suchen und neue Versuche zu machen, wenn sich herausstellen sollte, dass dies notwendig ist. So wie in vielen anderen wichtigen Dingen des Lebens können sich Partner auch hier unterstützen, kontinuierlich dranzubleiben und den „Faden nicht reißen zu lassen".

Freilich kann sich auch herausstellen, dass bei einer derart individuellen Frage, wie dies der Umgang mit dem Tod ist, eine vollständige Gemeinsamkeit nicht zu erreichen ist. Einer findet einen stimmigen Weg für sich, der andere einen ganz anderen oder gar keinen, und vielleicht will er auch keinen finden. Damit sind sie mit einer Unterschiedlichkeit konfrontiert, die möglicherweise nicht aufhebbar ist. Hier ist noch einmal das Thema der Autonomie und Individualität angesprochen, die in der Bindung der Partner aneinander immer auch ihren Platz haben müssen. Vielleicht zeigt sich auch gerade bei diesen „letzten" Fragen nach dem Tod und das „Danach" besonders deutlich, was immer eine Rolle gespielt hat im Zusammenleben des Paares, was aber nun mit dem fortschreitenden Alter überhaupt immer deutlicher sichtbar wird: Der andere ist anders. Manche Eigenheiten beginnen jetzt stärker hervorzutreten oder zeigen sich erstmals, der Alterungsprozess verläuft bei einem schneller als beim andern und bisherige Gemeinsamkeiten werden dadurch unmöglich, oder verschiedene Ansichten und Haltungen treten nun krasser zutage und erscheinen nun unvereinbarer als früher, zum Beispiel auch jene, welche die erwähnten „letzten Dinge" betreffen. Der andere ist anders und – ich muss ihn auch anders sein lassen. In diesem Buch wurde immer wieder die Bedeutung der Gemeinsamkeit, der Nähe zueinander und das Miteinander der Partner in dieser Altersphase betont. Wenn es den Partnern möglich war, diese aufzubauen, wird es ihnen, trotz solch stärker werdender Unterschiede möglich sein, einander respektvoll und liebevoll auf dem Weg zu begleiten, den sie noch vor sich haben.

9. Tipps für ein genussvolles Leben zu zweit

Nach dem vorausgehenden, existenziellen und darum „schwergewichtigen" Kapitel möchte ich nun zum Schluss in einer Art Anhang wieder zum ganz Alltäglichen und Gewöhnlichen im Leben des älter werdenden Paares zurückkehren. Meine Fragestellung dabei ist: Wie können die beiden dieses Alltägliche und Gewöhnliche möglichst genussvoll für sich gestalten? Ich habe die Tipps aus Erfahrungen zusammengestellt, die Paare vor allem beim gemeinsamen Wandern und Langlaufen, also im Urlaub gemacht haben, die aber darüber hinaus meist eine Bedeutung für den gesamten Alltag und seine Gestaltung in der jetzigen Lebensphase bekommen können.

1. Viele Paare erleben es als sehr genussvoll, im Urlaub immer zur selben Zeit an die gleichen Orte und in die gleiche Bleibe zu gehen. Das Wiederholen des Ähnlichen oder Gleichen erspart Anspannung, ermöglicht, sofort „da" zu sein und entspannt beginnen zu können. Wenn Paare in diesem Alter immer wieder anderswohin fahren, kostet das Einleben, das Sich-Zurechtfinden so viel Energie, dass die halbe Zeit vorbei ist, wenn die Erholung beginnen kann. Das immer wieder Ähnliche oder Gleiche als Rahmen für lebendige Zweisamkeit scheint im Prozess des Älterwerdens also von großer Bedeutung zu sein.

2. Manche Paare nehmen sich jetzt im Urlaub durchaus auch anspruchsvolle Tätigkeiten vor: Studium, gemeinsame Lektüre, Krea-

tives wie Schreiben, Malen etc. Sie teilen sich dann die Tage in gleichbleibendem Rhythmus in Arbeitsphasen und Erholungsphasen ein – und genießen beides: Die Zeit für Bewegung und körperliche Anspannung – und die Zeit für geistige Tätigkeit und Auseinandersetzung. Jetzt ist ja – im Urlaub besonders, aber auch in dieser Lebensphase insgesamt – für beides ausreichend Zeit. Das ist ein besonderer Genuss, es ist das Gegenteil vom früheren „Arbeiten bis zum Umfallen" einerseits und „totalem Abschalten" in Urlaub und karger Freizeit andererseits – was ganz und gar nicht einem natürlichen Lebensrhythmus entspricht.

3. Es ist ein guter Grundsatz, „es langsam beginnen zu lassen". Nicht am ersten Tag schon die längste Loipe nehmen oder den höchsten Berg besteigen! Erst mal nur eine Runde, ein kurzes Stück und dann allmählich steigern, bis auch wieder eine richtige „Tour" ohne verkrampfte Anstrengung möglich wird. Eine solche Art von „Arbeitsrhythmus" bewährt sich jetzt auch für das Leben insgesamt: Nicht mehr gleich alles, und alles womöglich gleichzeitig, sondern nach und nach, ein Stück erst, und dann wieder eines. Es ist an der Zeit, das Tempo zu verlangsamen – eigentlich überhaupt in unserer immer hektischer werdenden Zeit, aber besonders in dieser Altersphase!

4. Ähnliches gilt für die Zeit vor dem jeweiligen Start: Wenn man die nötigen Utensilien zusammensucht, den Rucksack packt, die Stöcke bereitlegt usw.: Sich Zeit lassen dafür! Nicht hetzen! Sorgfältig eins nach dem andern machen und zum Schluss in Ruhe checken, ob wir alles dabei haben. Wenn ich da hetze, um „endlich" rauszukommen (warum eigentlich?), entdecke ich garantiert mitten auf der Loipe oder am Berghang, dass ich etwas Wichtiges vergessen habe, darum kalte Finger kriege oder durch und durch nass werden – und vorbei ist es mit dem Genuss! Warum nicht ein paar Minuten später loskommen? Obwohl die Beeilung völlig unnötig und sinnlos ist, neigen gerade älter werdende Menschen nicht selten dazu, sich und den Partner anzutreiben.

5. Sowohl am Berg wie auf der Loipe gibt es natürlich sehr viele jüngere Menschen, die schneller sind und die älteren überholen. Auch das wird für viele von ihnen eine Quelle, sich selbst und den Partner unter Druck zu setzen. Hier hilft, sich zu sagen: Nimm dein eigenes Tempo und hetz nicht hinterher! Das scheint jetzt insgesamt von großer Bedeutung zu sein: Es darf weniger, kürzer, langsamer sein. Aber im eigenen Tempo, im eigenen Rhythmus! Wenn das gelingt, wird manchmal auch die kostbare Erfahrung möglich, dass man vollkommen eins wird mit der eigenen Bewegung, und dass man eins wird mit der Bewegung und dem Rhythmus des Partners – eine wunderbare Beziehungserfahrung!

6. Ein Ziel zu haben, beim Bergsteigen den Gipfel, beim Langlaufen das Loipen-Ende, im jetzigen Leben insgesamt dieses oder jenes Projekt, ist wichtig für die Erfahrung der Sinnhaftigkeit des Tuns, und die Ziel-Erreichung macht uns in jedem Fall besondere Freude. Es gibt – vor allem im jetzigen Alter – allerdings auch die Gefahr, sich mit dem Streben danach die Freude zu vergällen: Indem man nur noch auf das Ziel schaut. Dann kommt es leicht zur Überanstrengung, die auch noch die Zielerreichung in Frage stellen kann. Besser ist es, außer dem Ziel noch jeden einzelnen Schritt dahin zu beachten: nur diesen Schritt, und wieder: nur diesen Schritt. Und plötzlich sind wir da!

7. Dazu gehört auch – und auch das vergessen Paare im vorgerückten Alter leicht: regelmäßig ausreichend Pausen machen zum Verschnaufen. Das braucht der Organismus zur Regeneration, aber es ermöglicht auch noch etwas anderes: Paare entdecken dann, was es alles um sie herum auch noch gibt: Die ganze Herrlichkeit der Landschaft in Farben und Formen vielfältigster Art! Das alles bemerken sie nicht, wenn sie „nur in ihrer Spur bleiben". Es ist gut und befriedigend, miteinander auf ein Ziel hin unterwegs zu sein. Es ist aber auch gut und befriedigt zusätzlich sehr, zwischendurch anzuhalten, im „Hier und Jetzt" zu verweilen und es in sich aufzunehmen. Dazu ist jetzt die Zeit, es zu lernen und zu

üben, vor allem wenn in früheren Jahren vor lauter „Laufen in der Spur auf das Ziel hin" diese Seite des Lebens ausgeblendet wurde.

8. Ältere Paare tun gut daran, sich oft gegenseitig Anerkennung zu geben: „Unser Timing war heute wieder einmal hervorragend" – „Heut hat uns noch keiner überholt!" „Du bist aber heute ausgesprochen gut drauf!" „Elegant, elegant!" – Sie nehmen solche Aussagen nicht immer allzu ernst, sie lachen sogar oft darüber, aber es tut ihnen trotzdem – oder gerade deshalb – gut! Viel gegenseitige Anerkennung ist wie Wasser und Dünger für eine Pflanze: Es bringt zum Blühen!

Literatur

Auer, Alfons (1996): Geglücktes Altern. Eine theologisch-ethische Ermutigung. 4. Aufl. Freiburg

Bode, Sabine (2007): Die vergessene Generation. Die Kriegskinder brechen ihr Schweigen. 8. Aufl. Stuttgart

Chapman, Gary (2004): Die fünf Sprachen der Liebe. Wie Kommunikation in der Ehe gelingt. 4. Aufl. Marburg

Clement, Ulrich (2005): Erotik – eine Frage der Entscheidung. Sexuelle Selbstverwirklichung statt sexueller Lustlosigkeit. In: Ztschr. Psychologie heute, Juni 2005, S. 26-29

Csikszentmihalyi, Mihaly (1991): Das Flow-Erlebnis. Jenseits von Angst und Langeweile. 3. Aufl. Stuttgart

Frankl, Viktor E. (1978): Das Leiden am sinnlosen Leben. Psychotherapie für heute. 3. Aufl. Freiburg

Goleman, Daniel (1997): Emotionale Intelligenz. 4. Aufl. München

Gottman, John M./Silver, N. (2000): Die sieben Geheimnisse der glücklichen Ehe. 2. Aufl. München

Hahn, Ulla (1993): Liebesgedichte. Stuttgart

Hahn, Ulla (2004): So offen die Welt. Gedichte. 2. Aufl. München

Jäger, Willigis (2007): Westöstliche Weisheit und ihre Wege. In: Rundbrief „Unterwegs", Nr. 1, Holzkirchen

Jäger, Willigis (2007): Westöstliche Weisheit. Visionen einer integralen Spiritualität. Freiburg

Jäggi, Eva (2004): Von der Gelassenheit im Alter. In: Neuen, Christiana u.a. (Hg.): Gelassenheit. Vom Umgang mit Angst und Krisen. S. 172-185

Jäggi, Eva (2005): Tritt einen Schritt zurück und du siehst mehr. Gelassen älter werden. Freiburg

Jellouschek, Hans (2004): Bis zuletzt die Liebe. Als Paar von einer schweren Krankheit herausgefordert. 2. Aufl. Feiburg

Jellouschek, Hans (2005a): Liebe auf Dauer. Die Kunst, ein Paar zu bleiben. 2. Aufl. Stuttgart

Jellouschek, Hans (2005b): Beziehung und Bezauberung. Wie Paare sich verlieren und wiederfinden – gespiegelt in Märchen und Mythen. Stuttgart

Jellouschek, Hans (2007): Wenn Paarbeziehungen älter werden. In: Ztschr. Lebens/t/räume, Heft 8, S. 20-26

Jung, Matthias (2003): Zeit für Zärtlichkeit. Das Abenteuer der Zuneigung. Lahnstein

Kämmerer, Annette/Kapp, Friedrich (2002): Emotionale Stiefkinder therapeutischen Handelns: Zum Beispiel Vergebung. In: Ztschr. Psychotherapie im Dialog, Heft 2, S. 184-187

Kaschnitz, Marie Luise (1960): Eisbären. Ausgewählte Erzählungen. Frankfurt a.M.

Kleist, Bettina v. (2006): Wenn der Wecker nicht mehr klingelt. Partner im Ruhestand. 2. Aufl. Berlin

Krähenbühl, Verena/Jellouschek, Hans/Kohaus-Jellouschek, Margarete/Weber, Roland (2007): Stieffamilien. Struktur, Entwicklung, Therapie, 6. Aufl., Freiburg

Müller, Lutz/Müller, Annette (2003): Wörterbuch der Analytischen Psychologie. Zürich

Riehl-Emde, Astrid (2002): Paartherapie – warum nicht auch für ältere Paare? In: Ztschr. Familiendynamik, Heft 1, S. 43-73

Riehl-Emde, Astrid (2006): Paartherapie für ältere Paare. State of the Art. In: Ztschr.: Psychotherapie im Alter, Heft 4 (Paardynamik und Paartherapie), S. 9-35. Gießen

Rilke, Rainer Maria (1955): Sämtliche Werke, Bd 1. Frankfurt a.M.

Scherf, Henning (2006): Grau ist bunt. Was im Alter möglich ist. Freiburg

Schenk, Herrad (2005): Der Altersangst-Komplex. Auf dem Weg zu einem neuen Selbstbewusstsein. München

Schmidbauer, Wolfgang (2003): Altern ohne Angst. Ein psychologischer Begleiter. Reinbek

Schmidbauer, Wolfgang (2005): Psychotherapie im Alter. Eine praktische Orientierungshilfe! Stuttgart.

Steffensky, Fulbert (2007): Wir kommen von weit – Spiritualität des Alters. Manuskript des Vortrags beim Kirchentag in Köln am 8.6.2007

Welter-Enderlin, Rosmarie/Hildenbrand, Bruno (1996): Systemische Therapie als Begegnung. Stuttgart

Willi, Jörg (2002): Psychologie der Liebe. Persönliche Entwicklungen durch Partnerbeziehungen. Stuttgart

Quellenvermerk zu den Texten S. 134/135 und S. 140–143: